es 1635
edition suhrkamp
Neue Folge Band 635

Der Dresdener Dichter Thomas Rosenlöcher hat protokolliert, was als erste gelungene »Revolution« auf deutschem Boden in die Geschichte längst eingegangen ist: Das Ende der DDR, des »Dreibuchstabenlandes«.

Seinem Dresdener Tagebuch hat Thomas Rosenlöcher, einer von den »Dagebliebenen«, die Tage, Wochen und Monate vom 8. September 1989 bis zur ersten freien Wahl am 18. März 1990 anvertraut:

Thomas Rosenlöcher, der sich in seinen bisher erschienenen Gedichtbänden als listig-launiger Skeptiker gezeigt hat, notiert Privates und Politisches, den Auf- und Abschwung der Gefühle zwischen Angst und Hoffnung. Rosenlöchers »Tagebuchschreiberei« zeigt viel Ironie und Komik, vor allem aber wohltuende Ehrlichkeit: Thomas Rosenlöcher gesteht die »Mitschuld am So-Sein« der Verhältnisse ein oder spricht von der »Angst des Kopfmenschen, unter Schlägen den Kopf zu verlieren.« Angesichts der Reimkunst auf Demonstrationstransparenten durfte der Lyriker »getrost einmal stummbleiben« und unter dem Datum 10. November 1989 steht zu lesen »Die Grenzen sind offen ... mir fehlen die Worte«. Waren im September noch »Zerknirschungsgesichter« zu registrieren, so sind es allmählich grassierende »Deutschlandgesichter« geworden.

Vom Wahlergebnis ist der Dichter enttäuscht und bitter ironisch fragt er: »Schon bald werden wir Mühe haben, uns die DDR selber zu erklären. An die neuen Verhältnisse angepaßt, werden wir uns fragen, wieso wir uns damals derart anpassen konnten.«

Thomas Rosenlöcher, Jahrgang 1947, lebt in Dresden und veröffentlichte u. a. die Gedichtbände »Ich lag im Garten bei Kleinzschachwitz« und »Schneebier«.

Thomas Rosenlöcher erhält den Hugo Ball-Förderpreis 1990.

Foto: Peter Peitsch

Thomas Rosenlöcher
Die verkauften Pflastersteine

Dresdener Tagebuch

Suhrkamp

edition suhrkamp 1635
Neue Folge Band 635
Erste Auflage 1990
© Suhrkamp Verlag Frankfurt am Main 1990
Erstausgabe
Alle Rechte vorbehalten, insbesondere das der Übersetzung,
des öffentlichen Vortrags
sowie der Übertragung durch Rundfunk und Fernsehen,
auch einzelner Teile,
Satz: Hümmer, Waldbüttelbrunn
Druck: Nomos Verlagsgesellschaft, Baden-Baden
Umschlagentwurf: Willy Fleckhaus
Printed in Germany

4 5 6 – 95 94 93 92 91

Die verkauften Pflastersteine

Teil I

8. 9. 1989

Besuch U. Hegewald. Reden die halbe Nacht über Infantilität und Unterwürfigkeit der hier Aufgewachsenen. Selbst Wolfgang, er ist nun schon fünf Jahre hier weg, wäre dergleichen fortwährend anzumerken.
Zerknirschungsgesichter.
Blatternarbige Häuser.
Uringeruch und Bahnpolizei.
Gestern früh mit Birgit in verzweifelter Stimmung nach Heidenau. Natürlich werde ich kontrolliert, belege den Polizisten: Seit zwanzig Jahren kontrolliere man mich, aber nun nicht mehr lange.
Freilich hat es auch sein Tröstliches, daß ich besonders von diesen armseligen Bahnhofsmützen mit Vorliebe kontrolliert werde: Völlig verbürgerlicht kann ich noch nicht aussehen. Nach stundenlangem Laufen endlich wieder Gefühl der Leichtigkeit: Die Kirnitzsch im Grund, ein Wasser von rätselhafter Sauberkeit, manchmal schimmert sie türkisfarben durch die Bäume zum Hangweg herauf.
Am Schluß, Waldausgang, ein »kommen Sie mal her hier«, gleich vom Motorrad aus. Offenbar ein sogenannter Grenzhelfer. Unsere Antwort, vielleicht eine kleine Sensation für uns selbst, lautet, beinahe im Chorus: »Wir denken nicht daran.« Das Aufheulen des davonfahrenden Motorrads kommt uns vor wie ein langgezogener Wutschrei. Freilich bekommt meine Frau hernach eine Art hysterischen Anfall. »Dieses Land, dieses Land.« Ich

habe ihr versprochen, mich nun doch um ein Stipendium in Worpswede zu bewerben, nicht gleich um zu bleiben, sondern um eben einen Fuß in den Westen zu setzen. Freilich hinsichtlich dieser Entscheidung auch schlechtes Gewissen: Ist ja doch eine Flucht aus der schlichten Lebenspraxis, da im Westen vieles viel geschmierter geht, die Entfremdung des zu Hause hockenden Künstlers daher gewiß größer ist. Hier brauche ich nur in die sogenannte Kaufhalle (eigentlich ein ehrlicher Name) zu gehen, um einigermaßen Bescheid zu wissen. Hinzu käme dieses Im-Stich-Lassen der anderen. Ein Fuß drüben ist früher oder später sowieso der ganze Kerl, siehe Uwe Kolbe, Wolfgang Hilbig usw. Aber der Entschluß steht fest, falls sich hier nicht bald eine Änderung anläßt. Dieser fortlaufende Landeskummer macht provinziell. Das immergleiche Gejammer über Unfreundlichkeit und Verfall macht utopie- also kunstunfähig. Längst bin ich Meyers Hund, der fortwährend bellend ums Haus läuft.

11. 9.

Früh im Halbschlaf höre ich vom Übertritt der ersten 1000er Pulks von Ungarn nach Österreich.
Gesellschaft bei Lühr: »Ich-will-hier-raus«-Bazillus. Ab heute alkoholfreie Woche. Der Depression ist nur mit Arbeit zu begegnen.
Das gespenstische Schweigen der Zeitungen.

12. 9.

Die fortwährenden Übertritts-Reportagen aus dem Westradio. Das pausenlose Gemurmel der Hiergebliebenen: »Was soll nur werden.« Keine Solidarität. Eher das Gefühl, zum Häuflein der Dummen zu gehören.

Canetti, in »Masse und Macht«, schade, daß ich das Buch zurückgegeben habe, erzählt von einem orientalischen Despoten, der seine Stadt evakuieren läßt: Allein ist die Macht ungestört. Nur, wenn keiner mehr da ist, kann sie wirklich grenzenlos sein.

Übertrittsinterviews: »Warum haben Sie die DDR verlassen?« »De Freiheid is ja immor de Haubtsache.« Sprachlosigkeit. Oft wird, genauso wie zu Hause, sofort das Erwartete geliefert. Derselbe Mann wäre zu Hause vor einem Mikrofon gewiß unverzüglich ins Funktionärische verfallen.
Alkoholfreie Woche hat nur einen Tag angehalten.
Mitschuld, meine, am So-Sein der derzeitigen Verhältnisse: Nicht nur die Funktionäre haben sich diesen Staat verdient, auch wir, zumindest haben wir ihn hingenommen. Allein daß ich studiert habe, zeigt, daß ich ein Lügner bin. Wäre ich kein Lügner, hätte ich nicht studieren dürfen. Freilich, meine verteufelte sächsische Höflichkeit.

13. 9.

Gestern abend im herbstlichen Biergarten. Ein Mann
wollte dicht neben unserem Tisch an eine Birke pinkeln.
Birgit ruft »Weitergehen!« Der Betrunkene wankt auf die
offene Elbwiese. Dann kommt er schwankend an unseren Tisch: »Wer hat hier Weitergehn gerufn. Das is meine
Birke. Die wäßre ich schon seit dreißig Jahrn.« Tatsächlich ist es in der Reihe die kräftigste Birke.

Daß plötzlich auch mir das Ende des Dreibuchstabenlandes möglich erscheint... bin ich ein Rechtsaußen
geworden? Jedenfalls brauchen die bloß so weiterzuwur-
steln, damit sich dieser Staat von selbst auflöst. Selbst ein
demokratischer Sozialismus scheint mir nur noch ein
schwacher Damm. Werden nicht die Leute auch während
der Reformen davonlaufen? Zumal es ja dann wirtschaft-
lich erst einmal eher schlechter gehen wird, allein schon,
weil die verrotteten Industrien in den nächsten Jahren
ohnehin endgültig verrottet sein werden, wir längst auf
Kosten der Zukunft leben. Andererseits ist der jetzige
Kapitalismus eben auch ein Übel, und ein demokratischer Sozialismus wäre vielleicht doch eine Alterna-
tive.

15. 9.

Gestern Wanderung. Fünfundvierzig Minuten warten, kurz vor dem Bahnhof Rathen, in einem dieser unglaublich verschmutzten, wie Nachkrieg anmutenden Waggons der sogenannten S-Bahn. Essen in Königstein in der Selbstbedienung. Eine alte Frau schiebt Kartoffeln und Kraut vor deinen Augen umständlich mit der Hand auf dem Teller zurecht. Die Riesenbiere des DDR-Bürgers. Sie sind der eigentliche Generalsekretär des kleinen Mannes. Natürlich trinke auch ich eins. Mit Schwere angefüllt, gewinnt der Leibesballon kurzzeitig eine Art Zufriedenheit, lastet fester auf seinem ostdeutschen Trauerstuhl. Aber dann erhebe ich mich doch. Birgit verordnet ihren raschen Wanderschritt. Gewitter und Regen. Feuchte Gründe. Rückfahrt, vorüber an armseligen Bahnhöfen mit Reklamen von kurz nach dem Krieg, schmutzigen Durchgängen, an leeren Fenstern, verkrebsten Häusern. Armutei. Ob es mir gelingen wird, noch einmal hinzusehen? Den muffigen Landesgeschmack zu schmecken, ehe ich ins Schicki-Micki-Land abfahre?

17. 9.

Gestern kurzer überraschender Besuch von Dieckmanns. Gespräch über die stehengebliebene Zeit. Auch das Leben scheint hier zu verharren. Zu verharren im Verfall. Vielleicht fliehen die Leute, eigentlich Industriegesellschaftsmenschen, die bei sonstiger scheinbarer Geborgenheit eben auch den raschen Wechsel brauchen, ebenso vor dieser stehengebliebenen Zeit: Der immergleichen Bierflasche, dem immergleichen, langsam vor sich hin mebbelnden, unsäglich stinkenden Auto namens Trabant, den überall gleichen Städten, die, wo sie sich auch immer befinden, stets Wilhelm-Pieck-Stadt, Guben oder Eisenhüttenstadt heißen.

19. 9.

»Begründe die Notwendigkeit eines immer stärkeren sozialistischen Staates« – Moritz macht Schularbeiten. Schreibt seine Lügen rasch hin, »nur ehm ma«, aber so fängt es an und so geht es weiter, und dann bist du vierzig und hast es schon zur Hälfte verpaßt, einmal in deinem Leben geradegestanden zu haben.

22. 9.

Alles auf das System oder die Funktionäre zu schieben, entläßt den einzelnen, mich, aus der Schuld, der sich keiner entziehen kann, und schon gar nicht durch das Davonlaufen nach drüben. Immerhin war es doch eine verhältnismäßig geringe Dosis an Zwang, die zu dieser Zwangsgesellschaft geführt hat. Manchmal war es aber auch der pure Irrtum: so hielt ich Idiot die Enteignungen in der Kleinindustrie Anfang der siebziger Jahre für ökonomisch sinnvoll! Die kleine Druckerei in Zschachwitz:

»Jetzt bekommen Sie einen Pausenraum«, habe ich den Leuten da erklärt. Die werden wohl gleich gewußt haben, was da für ein Trottel zu ihnen spricht. Andere Formen der Mitläuferei: Kritisches Denken, das gerade in der Art des sich kritisch Äußerns gegenüber dem Gesprächspartner Übereinstimmung signalisiert, ein Für-den-Sozialismus-Sein, das sich nicht vollständig vom Stalinismus abzusetzen wußte.

Heute nacht aufgewacht: Ich selbst hatte mich im Traum aufgefordert, nach Leipzig zu fahren und an einer der dortigen Demonstrationen teilzunehmen. Tatsächlich Angstschweiß.
Höre den Satz: »Das Land, dessen Züge nicht mehr pünktlich fahren, ist verloren.«

23. 9.

Die jetzt oft gehörte Behauptung, daß dieser Staat krank mache, kann ich an mir selbst beobachten. Eine Art durch den Schlaf gehendes Zahnweh. Birgit nach einem Besuch im Kaufhaus: Sie macht die Verkäuferinnen vor, Figuren aus dem Totenreich, starren Gesichts, fast wortlos einen Pullover haltend und wieder weglegend und das »hä-hä-nä-Gespräch« durch ein endgültiges Kopfschütteln mit gleichzeitigem Sich-Abwenden abbrechend. Das Schlimmste an diesem Land: Neben Verfall und Zerstörung und offizieller Verlogenheit, eben auch der Niedergang der Umgangsformen, die unter uns herrschende Unfreundlichkeit, die längst in den Gesichtern festgeschriebene Verdrossenheit.

Gruppierung »Neues Forum« unter offensichtlichem Verfassungsbruch als staatsfeindlich erklärt. Alles scheint auf eine Entscheidung hinzudrängen.

Lieber bezahle ich für einen Becher Quark 4,– M als weiterhin diese verlogenen Wurstblätter Tag für Tag aus dem Briefkasten zu ziehen. Gewiß prägt auch das schon die Physiognomie. Bestimmt habe auch ich längst den DDR-Blick. Zumindest an meinem schadhaften Gebiß bin ich erkennbar.
Ausgerechnet die Schlagersänger haben das Neue Forum unterstützt!

27. 9.

Dauerbesuch. Zuletzt Czechowski, der die Woche über meist in der Psychotherapie bleiben muß: Depressionen. Auch für ihn formuliere ich einen kleinen Brief an seine Exzellenz, den Vors. d. Staatsrates, Forumverbot. Komme mir dabei sehr kühn vor. Verfalle sofort in einen leichten Funktionärston. Entkomme ihm erst einigermaßen, da ich begreife, daß ich den Brief gar nicht an ihn, sondern an mich schreibe, nämlich aus Gründen der Selbstachtung. Rakowski, höre ich im Radio, fürchtet, die Perestroika müsse noch durch Blut und Tränen gehen.
Heute nacht Wassereinbruch durchs Dach. Wir müssen im Schlafzimmer wischen. Heulende Nacht. Mörderisches Trommeln und Klopfen von oben.

Freitag, 6. 10.

Heute vormittag Zentrum d. zeitgen. Musik. Jeder, auch die sonst ganz Vorsichtigen, plötzlich für Reformen. Einige allerdings Angst vor dem, wie sie sagen, Mob. Gefühl: Nun gibt es kein Zurück mehr. Das Land ein anderes. Konzeptionslosigkeit wird beklagt. Sage, was ich seit immerhin zehn Jahren sage: Soz. Verfassung, die z. B. Eigentumsformen (keine Kapitalisierung der Großindustrie!) festschreibt. Innerhalb dieser Verfassung alle Entwicklungsvarianten möglich. Über die wird durch Wahlen abgestimmt. Vom Schauspiel kommt Regisseur Engel herüber und tobt los: Was wir hier herumsäßen, müsse denn erst ein Stein durchs Fenster geflogen kommen? Es flösse doch schon Blut in den Straßen! – Was für Blut? Erfahre erst jetzt von den Tausenden am Hauptbahnhof. Sogar auf den Gleisen sollen sie gesessen haben, um mit dem Prager Ausreisezug mit in den Westen genommen zu werden. Der Hauptbahnhof sei demoliert und ein Polizeiauto umgekippt worden.

Gegen 19 Uhr – rasch zur Prager Straße. Zum Glück nichts los, denke ich, halb enttäuscht. Aber dann sehe ich wie eine riesige Anzahl Polizisten ausgerechnet diesen Beton-Lenin bewacht. Die Polizisten haben Schild und Helm und sehen aus wie aus dem Westen. Viele Schaulustige, aber die Bösen, gegen die sich das Ganze doch richten wird, muß ich lange suchen. Tatsächlich, gegenüber dem Hotel ein paar pfeifende und johlende

Gruppen. Platz geräumt, drücke mich beiseite. Jugendliche gejagt, geschlagen: Es wird sichtbar, daß die Gewalt eigentlich erst durch das martialische Auftreten der Polizei erzeugt wird. Hoffentlich Unfähigkeit und nicht Absicht. Später sehe ich einen Stein lange hoch in der Luft schweben. Zweimal werde ich in den Fluchtreflex der Randmassen mit hineingezogen, beim dritten Mal gelingt es mir, stehenzubleiben und zu schauen: Man flieht grundlos. Dann aber kommen weiße Schilde und Helme von hinten. Eingekesselt. Wie ich wieder herausgekommen bin, weiß ich auch jetzt noch nicht. Ein fortwährendes inneres ängstliches Zittern. Überhaupt mein Wahrnehmungsvermögen merkwürdig reduziert: Sehe wie Leute abgeführt werden, sehe wie die Polizisten, siouxartig an ihre Schilde schlagend, losstürzen, z.T. auch auf bloße Zuschaueransammlungen einprügelnd: Sehe, aber alles scheint merkwürdig fern, vielleicht eben nur ein Traum. Weit vor wage ich mich nie, vermag aber auch einfach nicht fortzugehen. Angst und Zorn halten sich korrekt die Waage. An den Rändern ältere Leute, manche tatsächlich das Gespräch mit der Polizei suchend. Einfache Leute finden einfache Worte, zu denen ich niemals imstande wäre. Viele vor allem auch ältere Frauen zornig: »Das haben wir sonst beim Schnitzler gesehen.« »Du hast wohl noch nichts vom Gorbatschoff gehört«, »Wir sehen uns nach den Reformen wieder«. Soldaten: »Stellt doch einen Ausreiseantrag.« Antwort: »Wir wollen aber hierbleiben.« Ich, leider lächerlich emotional: »Ihr wollt wohl mit euch selbst alleine sein. Eine Unverschämtheit, jungen Leuten so etwas zu sagen.« Die einzige Chance aber ist Friedfertigkeit. Mit bloßen

Händen sind den MGs und Panzern keine Reformen beizubringen, zumal sich das System Änderungen früher oder später ohnehin beibringen muß: Ein Auto kann auch nicht auf die Dauer ohne Benzin fahren, nicht wahr?

Jagd eines Polizistentrupps mitten durch Passanten auf der Gegenseite der hell erleuchteten Prager Straße. Ein Polizist hat den Anschluß verpaßt und wirkt nun mit seinem Schild und seinem Helm im Dunkeln zwischen den Passanten nur noch traurig und komisch. Seine Truppe biegt schon ab, als er noch umherirrt, aber seine Angst sich noch immer in Aggression äußert und er einen Passanten rücksichtslos anrempelt: »Geh rüber, Du Rindvieh.« Dieser: »Ich mach gleich mit, Du Vochel.«

Ein Bursche in Lederkleidung tritt zwischen zwei Polizisten hindurch, eben dort, wo ich vorhin gestanden habe. Die Polizisten schlagen noch auf ihn ein, als er schon am Boden liegt. Dann wird er auf den LKW geschleift.

7. 10.

Einem Polizisten, der allein in die Menge geriet, soll schlimm mitgespielt worden sein.

An den halbstündigen Nachrichten hängen wie am Tropf. In die Stadt fahre ich nicht. Heute wird nichts sein, sage ich, hoffe ich, aber in Wirklichkeit hat nun die Angst die Oberhand gewonnen. Alte Kinderängste. Ich erinnere mich gedämpfter Stimmen der Erwachsenen am 17. Juni, und daß ich einen Nachmittag bei der Nachbarin bleiben mußte. Schon damals war eines meiner

Traumgrundmotive das Bild meines Vaters, der, in ein Gestell eingeklemmt, sich gequält nach oben krümmte. Dann die ungarische Stimme im Radio: »Helft uns doch, helft uns doch.« Damals war ich sechs Jahre. So hatten wir auch in den letzten zehn, zwanzig Jahren immer mehr Respekt, als ihn das doch eigentlich auch sanfte Zwangssystem eigentlich erforderte. Nun aber könnte chinesisch gesprochen werden.

8. 10.

Der Staat, der seinen Bürgern kein Demonstrationsrecht zubilligt, ist selbst der Urheber von unerlaubten Demonstrationen. Das Ausmaß deiner Isolation noch nie so deutlich wie jetzt. Die, mit denen du jetzt unterwegs wärest, sind im Westen. Freilich war dir dieses Aufdichgestelltsein immer lieb, Nach-innen-Horchen die Voraussetzung für Gedichte. Aber jetzt bist du derart nach außen gewendet ... das Ich seltsam abhanden: Sofortige innere Leere, wenn das Radio keine Informationen mehr bringt und zu Blasmusik übergeht.

Meine alte Methode: Die Angst wegschlafen.

Rufe in Dresden-Klotzsche an, ob sie dort vielleicht etwas Näheres wissen. Angelikas Stimme sehr fern. Ein unheimliches Knacken und Rauschen in der Leitung. Als ob ich mit dem Nordpol telefonierte. Schließlich verschwindet Angelikas Stimmte hinter dem Knacken und Rauschen völlig. Haben sie schon den Ausnahmezustand verhängt? Rufe in Amsterdam an. Alexander ganz nah, als säße er im Nebenzimmer. Obwohl ich das Gefühl habe, womöglich für lange ein letztes Mal nach draußen zu telefonieren, ist es mir unmöglich, ihm zu sagen, wie mir zumute ist. Martin holt mich zum Kaffeetrinken ab. Eine Demonstration auf dem Theaterplatz soll abgesagt worden sein, da sie eine Falle wäre. Abends kommt Birgit nicht von der Arbeit, dann aber glücklich: Ist drei Stunden friedlich mitgelaufen. Allerdings soll es nachmittags doch Einkesselungen gegeben haben. Uwe Lohse sei verhaftet worden. Seine Frau scheinbar gelassen: Kann ihm nichts Schlimmeres mehr passieren. Ein Kollege von Birgit seit zwei Tagen verschwunden. Sogenannte Volkspolizei nimmt keine Vermißtenmeldung auf. »Vielleicht hat er eine Andere«, habe man der ihren Mann suchenden Frau gesagt. Im Radio bittet Christa Wolf zu überlegen, wem Demonstrationen nützen, da dergleichen die Führung nur verhärten würde. Aber: Nur mit Petitionen ist auch nichts zu bewegen. Ihre Sorge ist berechtigt, aber sie weiß vielleicht nicht, daß dieses Volk gerade eben jetzt sich einmal andeutungsweise als Nation zu empfinden beginnt. Eine Zukunft, in die hinein wir gleich wieder von oben gelenkt werden, wäre nur die Hälfte wert.

Abends doch noch einmal in die Stadt: Ein Passant geht hart auf mich zu, ich erschrecke zutiefst, erwarte einen Hieb in den Magen, und weiche mit einem erstarrten Grinsen, das das Ganze kaschieren soll, aus.

Das Gespräch mit den Oberen gewiß auch deshalb so schwer, weil diese Leute gar nicht deutsch sprechen, sondern das sogenannte »Kaderwelsch«, einen Dialekt aus der finstersten Vergangenheit, dem jedes Menschliche fremd ist. Selbst, wenn es ihnen auf der Zunge läge, sie könnten und könnten es nicht sagen.

Doch was ist auf der Prager Straße los? (Abends, gegen 22 Uhr.) Die schon fast üblichen Absperrungen. In der Mitte eine große Gruppe eingekesselt, aber das Neonlicht leuchtet wärmer, von den beinahe ruhig Wartenden geht Beruhigung aus, da kaum noch Angst. Auch die Soldatentrupps stehen lässiger, die Schilde sind nach unten genommen. Eine Limousine fährt in den x-fachen Polizeikordon ein, eine schwarze Limousine, unwirklich wie ein herbeigleitendes Traumschiff. Beifall! Will die Staatsmacht mit uns reden? Bin ich auf Hawaii. Es ist der Bischof, höre ich. Tatsächlich soll mit dem Bürgermeister geredet werden. Das bedeutet, selbst wenn man nur Zeit gewinnen will, eine indirekte Legalisierung der Demonstrationen.

Wer eigentlich wollte im letzten Monat noch nach Worpswede? Noch nie war der Westen mir so fern wie jetzt.

Nachmittags soll auf dem Fetscherplatz, trotz friedlichen Dahermarschierens, eingekesselt, verhaftet und geknüppelt worden sein.

Montag, 9. 10.

Unser Dachdecker erklärt mir, daß Schläge gar nicht schlimm wären, beim Herumprügeln würde ja auch gedroschen. Das überlebe man. Ahnt also offenbar einen Hauptgrund meiner Ängstlichkeit: Der Angst des Kopfmenschen unter Schlägen den Kopf zu verlieren. Das ist wohl auch der Sinn der Prügelei: Die Ausschaltung des Intellekts, die Umkehrung des Argumentierens in Gewimmer. Höre schlimme Einzelheiten, offenbar ist auch nach den Demonstrationen zum Teil noch auf Inhaftierte eingeprügelt worden – will aber jedes erst aufschreiben, wenn es einigermaßen verbürgt ist.

Uwe L. noch immer verhaftet.

Abends Kreuzkirche: Sehr gemischte Gestalten, gewissermaßen tatsächlich das Volk. Der Einlasser: »auf den Emporen ist noch Platz!« – »Emborn? Was issn das?« Einlasser: »Laßt euch das von den anderen erklären.« Hinaus gehe ich völlig erschöpft, viele Peinlichkeiten, oftmals drohendes Chaos in dem Riesenhaus. Aber ich habe etwas erlebt, daß es eigentlich gar nicht gibt, was eigentlich gar nicht geht: Eine Volksversammlung von Tausenden! Ein Mann erklärt, daß er gesehen habe, wie die Polizei einen Bauzaun, der laut Sächsischer Zeitung durch Randalierer demoliert worden sei, selbst niedergerissen habe. In der Reihe hinter uns eine Frau, deren Sohn in Bautzen ist und die fortwährend ihre Verzweiflungskommentare abgibt.

Überhaupt ist die Enttäuschung groß, weil naturgemäß fast nur das Gespräch selbst erreicht wurde, und tatsächlich besteht nun die Gefahr, daß Väterchen Stalin bloß kichert über die dummen Sachsen. Freilich, der Apparat braucht Zeit, die gewiß auch dort vorhandenen Veränderer müssen zu Wort kommen und die Pseudoveränderer sich einschleichen können.

Augenzeugen berichten, daß, während die Leute sich in den Kirchen versammelt hätten, in etlicher Entfernung hinter Büschen Armee-LKWs samt Militärkrankenwagen gestanden hätten. China läßt auch weiterhin freundlich grüßen.

Die., 10. 10.

Uwe Lohse ist entlassen worden. In der Bautzener Gefängniskirche saß er auf Platz Nr. 121. Wo er auch hinkam, hatte er es nur selten verpaßt einen ›Guten Abend‹ zu wünschen und zu erklären, daß die diensthabenden Menschen auch Menschen seien, gute Behandlung also in beidseitigem Interesse. Aufgefallen war er offenbar dadurch, daß er mehrmals am Demonstrationszug entlanggelaufen war, um die Leute zu bitten, doch nicht auf die Wiese zu gehen, da die Wiese eine Wiese sei und folglich ein Stück Natur. Typisch Rädelsführer also. Festnahme durch zwei Herren in Zivil. Kein Hilferuf seinerseits, als ob er geahnt hätte, daß es nur die helfenden Hände von Vater Staat waren und nicht irgendwelche privatisierenden Menschenfänger. Alles in allem aber Erleichterung, er offenbar glimpflich davongekommen. Die Zeitung

UNION schreibt in einem sonst schon objektiven Artikel von Gewalttaten am Fetscherplatz. Sind damit die »Keine-Gewalt-Rufe« der Eingekesselten gemeint? Oder doch mehr der obligatorische Schlag mit dem Gummiknüppel im LKW, von dem Uwes Hand so eigentümlich geschwollen ist, daß er sie in einer Binde trägt?

Die., 10. 10.

Die UNION nimmt zurück, daß Gewalttätigkeiten seitens der Demonstranten am Fetscherplatz stattgefunden hätten. Zum erstenmal seit Tagen atme ich wieder einigermaßen durch.

Teil II

Gestern abend, Hauptbahnhof Dräsdn. Die Prager
Straße wieder im vergeblich eine Großstadt nachahmen-
den Neongefunzel. Einzelne Passanten, eigentümlich
verloren auf den Gehwegplatten. Beton-Lenin in gebüh-
render Finsternis. Frage mich, woher die Helligkeit dort
während der Demonstrationen kam: War es die Weißglut
meiner Hirnrinde?
Treffe M. D. im Espresso. Während D. erzählt (keine
ausgesprochenen Greueltaten, sondern Kleinterror,
stundenlanges An-der-Wand-Stehen in »Fliegerstel-
lung«, Knüppeleskapaden, Angebrülltwerden, dazu die
Ungewißheit, was mit einem wird, ob die Macht nicht
längst durchdreht) – während D. also erzählt (»Wie alt
bist Du?« – »15 Jahre.« »Was 15? Dann kriegst Du gleich
eine über.«), sitzt am Tisch ein unscheinbarer, einfacher
Typ, den ich für Stasi halte. »Ich war auch dort«, sagte er
plötzlich, sehr nebenbei, nachdem wir schon eine Weile
geredet haben. »Ich war auch dort« – und das kommt
derart bescheiden, ja selbstverständlich. Auch die Frau
hätten sie mitgenommen. Und als sie gesagt hat, daß ihre
Kinder zu Hause wären, hätte ihr einer der Polizisten
einen Knüppelschlag in den Nacken gegeben, so daß ihr
Blut aus der Nase lief. Aber sonst wäre es nicht schlimm
gewesen. Der Vernehmer hätte sich sogar ein bißchen
entschuldigt: Polizei eben auch überlastet.
   Die kleinen Augen des Mannes. Ich habe vergessen,
ihn nach seinem Beruf zu fragen. Vor allem anfangs, als

noch geknüppelt wurde, hat seinesgleichen besonders die Knochen hingehalten. Und während solche wie ich nun alles erklären und Reden halten und für Veränderungen sind, klingelt bei ihm längst der Alltagswecker; geht er an irgendwelchen Rohren entlang zur Arbeit oder steht abends mit der Bierflasche am Kiosk und sagt: »Na ja. Du weest ja, wie das is.«

Mit seinen Gummiknüppeln hat sich das System endgültig in die Geschichte des Stalinismus eingeschrieben.

13. 10.

Die Könige erklären, niemals Royalisten gewesen zu sein. Doch gemach. Wie ich dieses Volk neuerdings kenne, wird es die ganze morsche Hand nehmen, wenn ihm die Macht ihren Knochenfinger reicht.

14. 10.

Abends Kneipe. Daß der am Tisch Polizist ist, gleich zu sehen. Eine gewisse Gesichtsglätte, etwas Ordnungsmäßiges darin, das freilich auch in anderen Berufen vorkommen könnte. Dann aber dieses Schnauzbärtchen, das ja rührenderweise eher sympathisch machen soll und aus den Kriminalfilmen im Fernsehen stammt... Das Schnauzbärtchen habe ich auf der Prager Straße immer wieder gesehn. Tue trotzdem erstaunt, als er, nach dem dritten Nachfragen, endlich seinen Beruf nennt. Überraschend seine Müdigkeit. Direkt eingesetzt sei er nicht gewesen, aber mit den Vorgängen auf der Straße hätte fast jeder von ihnen zu tun gehabt. Müsse eben 25 Jahre vollmachen, wegen Rente, ja, aber dann suche er sich eine richtige Arbeit.

Versuche, ihn zu meiner eigenen Überraschung, draußen auf der Straße zum Abschied zu umarmen. Seine Überraschung noch größer als meine. Muß den Widerstrebenden richtiggehend zur Brust nehmen.

15. 10.

Die Polizistenumarmung beschäftigt mich noch immer. Mein Harmoniebedürfnis, ja, vielleicht aber auch ein Überspielen der bei mir schon immer vorhanden Mischung aus Polizeihaß und Obrigkeitsangst. Und dann die immer wieder ungeheuerliche Entdeckung, daß auch ein Polizist ein Mensch ist.

16. 10.

Habe mich herausgenommen: Petzow, Schriftstellerbefriedigungsheim. Erkläre mir hiermit, daß ich ein Recht darauf habe. Nur im Falle von etwas Stille und Nichtstun kann sich wieder ein bißchen »Ich-Selbst« melden, das Gemurmel, das irgendwann Gedicht heißen könnte.

18. 10.

Was heißt hier Ich-Selbst? Egon Krenz und nochmals Egon Krenz. Haben uns einen Fernseher besorgt, um die Weltgeschichte nicht zu verpassen. Krenz, der Honecker abgelöst hat, schaut uns, nach feierlichem Augenaufschlag, wieder und wieder an. »Wenn man mich fragt, was mich in dieser Stunde bewegt, dann gibt es nur eine Antwort: Das ist der Gedanke an viel gemeinsame Arbeit.« Erneuter Augenaufschlag. Das gute alte Kaderwelsch zur Kirchentonart mutiert. Aber diese Woche waren in Leipzig 120000 auf der Straße. Und immer noch fehlt Großdeutsch fast völlig. Auch die Westdeutschen haben das bemerkt, wenn sie betonen und betonen, daß wir nicht bevormundet werden möchten. Der Schriftsteller L. freilich meint, daß es mit der DDR dennoch nichts mehr würde. Der Westen sei viel zu stark. Halte dagegen, daß ich für ein westliches Gesamtdeutschland gar nicht erst sein müsse, weil das, wenn Demokratie hier mißlänge, von ganz allein käme.
Auch der Staatsrepräsentationsschriftsteller H. will mitsamt Volvo nur ein Betrogener gewesen sein.

22. 10.

Trotz aller Politik ist von der Woche in Petzow als Erinnerung eigentlich nur Herbst geblieben. Ein undeutliches Gefühl zwischen allerlei Gelbs, sich öffnenden Waldwe-

gen, plötzlichem Blätterwetter von links. Und das Ne-
beneinanderhergehen. Und ein Schirmpilzereignis im
Laub. Verlorenheit in geschippertem Licht. Also: Erin-
nerlich nicht Bilder, sondern Andeutungen von Bildern,
Gefühle. Solche Unbestimmtheiten das Eigentliche des
Erlebens, unaussprechbar. Hier eben der Irrtum aller Ta-
gebuchschreiberei. Das Tagebuch reiht Fakten, je nach-
dem wie das Leben so spielt und behauptet damit, daß das
Leben so spiele. Das ist vorsätzliche Täuschung. Alle
Schriftstellerei vergröbert auf geradezu kriminelle Weise,
aber das Gedicht behauptet wenigstens nicht gleich, das
Leben selbst zu sein.

23. 10. 89

Die Macht schwenkt weiter ein. Meine alte Methode,
kurz vor dem Mittagsschlaf rasch noch in die Zeitung zu
sehn, versagt völlig, denn kaum sehe ich in die Zeitung,
lese ich TIEFGREIFENDE REFORMEN oder ZU LANGE GE-
SCHWIEGEN VOR DEN AUGEN DES VOLKES? TOLLWUTGE-
FAHR – und bin wieder hellwach. Das NEUE DEUTSCH-
LAND dann die letzte Rettung, aber selbst das NEUE
DEUTSCHLAND ist mit NACHDENKEN NÖTIG nicht mehr
ganz, was es einmal war. Auf den Photos freilich noch die
alten Knautschgesichter, die immer auch das Beste wollten. Dennoch in einer nie gekannten Hochstimmung,
ähnlich dem Glücksgefühl des Kindes, das nach Weihnachten früh aufwacht und noch nicht weiß, wieso es so
froh ist und erst überlegen muß, bis ihm einfällt, daß es
eine elektrische Eisenbahn geschenkt bekommen hat.

24. 10. 89

Gestern in der Stadt. Wieder wußten alle, die es wissen wollten, daß eine Demonstration sein würde. Trotzdem glauben wir erst, uns geirrt zu haben, da die Straßenbahn ziemlich leer ist, im Stadtinneren dann aber allenthalben Menschengruppen und der Theaterplatz schon fast gefüllt. Auch oben auf dem Pferdedenkmal Johanns noch Gestalten. Eine fortwährend monologisierende Lautsprecherstimme, immer wieder von Pfiffen, Beifall und Rufen überdeckt. Ich brauche eine Weile, um zu begreifen, daß da der Bezirkschef Modrow spricht. Keine Ansprache, eher ein Gemurmel, der Lautsprecher ist wohl zu schwach, und die Antwort: Das über den Platz fegende Fauchen der Menge. Jemand ruft: »Das Volk will das Neue Forum!« Modrow: »Sie sind doch nicht das Volk.« – Großer Sprechchor: »Wir sind das Volk.« Oben von den Balkons der Semperoper auf die Menge herabschauende Damen und Herren, darunter gewiß viele bundesdeutsche: Ja, meine Lieben, hier muß der König schon Rede und Antwort stehn. Das nennt man eine Revolution.

Zug durch die Stadt. Auf Plakaten die Zeugnisse allgemeiner Reimkunst: EGON KRENZ – WIR SIND DIE KONKURRENZ. Da kann unsereiner in seiner Eigenschaft als Lyriker getrost einmal stumm bleiben.
Einer hat sich mit einer Kerze an den Rand gestellt und sagt der vorbeiziehenden Menge, wie lang sie ist. Fünf

Minuten, zehn Minuten... am Ende sind es, die Straße
ist ziemlich breit, immerhin dreiundzwanzig Minuten.
Nun geht es ans Eingemachte der Macht.
Per Taxi fast im Flug nach Hause. Haus abgeschlossen.
Macht nichts, steige mit wehendem Mantel übers Gerüst
bis hinauf unters Dach, klopfe, im Erkerfenster erscheint endlich das kleine Schlafgesicht meiner Frau.
Teile mit, daß ich kein Gespenst bin. Werfe Mantel nach
oben und ziehe mich am Fensterbrett empor. Alles muß
anders werden!

26. 10.

Aber wo gibt es das, daß die Chefs sich vor eine 10 000er
Menge stellen, um Fragen zu beantworten? Die Utopie
von der Volksherrschaft doch noch nicht ganz verschüt-
tet?
Kito Lorenc: »Nun kann man der Partei nicht mehr in
den Rücken fallen, da sie mit dem Rücken an der Wand
steht.«
Kolbe tut mir richtig ein bißchen leid. Er ist ausgerechnet
jetzt versehentlich nach Amerika gefahren.
In Kleinzschachwitz gibt es Bananen.
Springe mit meinem neuerlichen Schwung aufs Fahrrad,
aber da scherbelt es, und der Meister persönlich liegt auf
der Straße. Es hat eine Milchflasche zermahlen. Dem
Vorderrad fehlen Speichen, wer soll das jemals reparie-
ren.
Wenn mir auch unter den neuen Verhältnissen nichts
mehr zum Schreiben einfällt, weil nun das finstere Funk-

tionärswesen nicht mehr durchs Gedicht rumort, so werde ich doch auf mich selbst noch einen sonderbaren Eindruck machen.

28. 10.

Der Krankenstand bei Parteisekretären soll hoch sein. Selbst der Rundfunk wiederholt Forderungen nach Machtteilung. Plötzlich kann ich, was ich nie konnte, aussprechen, ungläubig und mit einem kleinen Schauer: DEUTSCHE DEMOKRATISCHE REPUBLIK. Wie bitte? Na ja.

Hauptgrund für Hierarchie: Die oben haben den Überblick. Hauptgrund für Mitsprache von unten: Die, die den Überblick haben, wissen nicht was los ist. Die Weisheit des Volkes besteht ja nicht in der Weisheit des Volkes, sondern im Tagtäglichen. Der verlorengegangene Schlüsselbund enthält den Schlüssel zur Weltgeschichte.

Geburtstagsfeier in Klotzsche. Großes gemeinsames Triumphgezeter. Ausgerechnet wir nicht mehr die Dummen. Ein Wunder, daß ich mich nicht betrunken habe.

29. 10. 89

Winterreise, Swjatoslaw Richter, Peter Schreier, Semperoper – Konzertmitschnitt. Fortwährendes Husten des

Publikums im weiten Rund (der Schallplatte): Ein Horizont von bellenden Hunden, getreulich den Winterreisenden begleitend, als gelte es, sich mit dem Gesang Schreiers und dem Klavierspiel Richters in die Unsterblichkeit hinüberzuhusten.

Aber Schreier: Wie kann man dieses »Ihr Kind war eine reiche Braut« derart wunderbar haßerfüllt herausschleudern und dennoch ein Entgegennehmer von Orden und Zusatzspangen sein?

Die vielen, die im Frühjahr noch zu dieser unglaublichen Volkswahl gelaufen sind.

Doch bitte: Zu den vorletzten Wahlen bin ja auch ich, der kaum was zu verlieren hatte, getrabt; zwar in die Wahlkabine, aber immerhin (der Spießrutenlauf am vielköpfigen Wahlgremium vorüber, und der Aufenthalt in dieser Umkleidekammer und die zitternden Hände beim Durchstreichen wären eine ausführliche Beschreibung wert). Und beim vorvorletzten Mal wollte ich auch schon nicht hingehn, aber dann kamen sie mit ihrer Pappkiste, wir saßen gerade beim Kaffeetrinken unterm Apfelbaum, und da habe ich den Zettel eben reingesteckt: Die Stimme ABGEGEBEN, mich selber mundtot gemacht.

Montag, den 30. 10.

Fataler, altbekannter, allseitiger Refrain: »*Das* habe ich nicht gewußt.«

Aber wie immer: Wir wußten. Freilich waren die Nachrichten aus den Schießgassen des Landes nie aus erster Hand, und so hatte auch ich die gute Gelegenheit, die Sache vorerst beiseite zu stellen.

Die drei Burschen, die mir vor Jahren im Zug gegenübersaßen und mich so lange anstarrten, bis ich mit Lesen aufhörte. Alle drei aus dem Knast. Ihre Hände mit lauter winzigen, von Metallspänen verursachten Wunden bedeckt. Sie hatten an Maschinen gearbeitet, aber die bei solcher Arbeit eigentlich normalen Verletzungen heilten nicht, wegen der Ernährung, sagten sie.

31. 10.

Im Oktober ist ein Großteil meiner Westpost weggekommen. Ein Umstand, der mich mehr ehrt, als ärgert. So kann auch ich mich ein wenig als Widerständler fühlen.

Alle Regionen und Religionen haben ihre Massenberuhigungsmittel. Bei uns hier die Warteschlange: Ordnet die Masse hintereinander an, wobei der Hintermann den Vordermann jeweils nur von hinten sieht, also nie sein Gesicht, was den Vordermann beim Hintermann wenig beliebt macht, kurzum, die Massenbestandteile ausreichend voneinander isoliert. Stück um Stück rückst du der an der Ladentafel verheißenen Zukunft entgegen, einer Zukunft, die schließlich in der Übergabe von etwas Käse oder Wurst besteht. Kaum aber ist der Wartende von der Warteschlange weggetreten, hat er das Warten eigentlich wieder vergessen und ist somit innerlich zu neuem Warten bereit.

Manchmal werden Warteschlangen extra erzeugt: Durch eine besonders geringe Anzahl der Körbe, die allein zum Eintritt in den jeweiligen Saftladen berechtigen. Der Gegenstand deines Wartens ist nun nur noch ein Drahtkorb. Durch minutenlanges Verharren (»Hunde müssen draußenbleiben«) wird dir angezeigt, wie überflüssig du bist.

Gestern mit Birgit zur Montagsdemonstration, riesiger Eindruck. Nun auch ich Klatscher und Rufer, gelegentlich sogar Anklatscher: »Stasi in die Volkswirtschaft!« – Hoffentlich übersteht sie das, die Volkswirtschaft.

Hinter mir in der straßenfüllenden Menge, während des Klatschens: »Ob die jetzt schlafen?« »Nö. Die schlafen ni – Die ham 40 Jahre geschlafen, die brauchen jetzt ni mehr schlafen.«

Ab und an treffen wir Bekannte, aber jeder verschwindet jeweils wieder in der Menge, will in ihr unbeobachtet sein und auch als Kopfmensch einmal viele Füße haben.

In der Menge, die er sonst als Ellenbogen kennt oder als stumme Menschheitsabteilung vor einem HO.

Zug auf die Augustusbrücke zu, hinweg unter den Heiligen, die sich oben auf den Konsolen der Hofkirche barocker denn je benehmen und uns mit ihren unerhörten Gesten persönlich zu segnen scheinen.

Nun, da ich seine Straßen als Masse entlangwalze, könnte ich dieses Dresden sogar andeutungsweise lieben.

Auf der Augustusbrücke freilich ein heulender, an den Transparenten zerrender Wind, der die Rufe und das Klatschen mühelos übertönt, so daß der Zug nun still über den seine Industriescheiße wälzenden schwarzen Strom hinwegzieht: Es gibt auch so etwas wie Einsamkeit der Masse, immer dann wenn die Masse sich selber nicht mehr richtig hört. Ohnehin ist dieses zerbombte und zerbaute Dresden durch seine Weiträumigkeit denkbar ungeeignet zum Demonstrieren, selbst Tausende können sich in ihr rasch verloren fühlen.

Endlich wieder, am Bellevue, Hupen, Stakkatoklatschen, das den eigenen Herzschlag antreibt, Rufen, Fernsehkameras, Norddeutscher Rundfunk; nicht wahr, wenn die Medien da sind, demonstriert es sich gleich besser.

Aber sonst? Wer hört uns eigentlich? Die Stasi, ja, aber die weiß, was sie hört, schon vorher. Also: Wir selbst. Ich. Ich rufe gegen die Barrieren in mir an. Meine Ängstlichkeit, mein Duckmäusertum.

Diesmal geht der Zug auf der Bautzener Straße geradeaus. »Wollen die zur Stasi hoch marschieren?« – Diese lange, ziemlich dunkle Bautzener Straße lang, sozusagen gegen die eigene Angst an, gegen den Mythos von der allgegenwärtigen Kralle?

Plötzlich, ich habe selbst nicht bemerkt wie es dazu kommt, bröckelt der Zug. Es entsteht in seiner Mitte ein Hin- und Herlaufen und Gestikulieren, etliche wollen weiter, etliche bleiben stehen, andere brüllen aufeinander ein. Drüben ein Polizeiauto. Ein Sprechchor: »Einigkeit!« – an dem ich mich sofort beteilige, bis ich merke, daß mir gar nicht klar ist, was für eine Einigkeit da gemeint ist: Die derer, die weitergehen oder die jener, die dem restlichen Zug zur Innenstadt nachfolgen wollen. Dann kehren aber doch die meisten um. Die

Stasi in uns hat gesiegt, die Angst ist zu groß und die lange dunkle Bautzener Straße zu lang und zu dunkel.

4. 11. 89

Daß uns die Handwerker nun schon wieder seit Wochen verlassen haben, ist uns gar nicht recht aufgefallen. Schlafen auf Matratzen in der Stube. Als müßte das so sein. Während der Wind durch die offengelegten Dachschindeln ins Schlafzimmer pfeift.

5. 11. 89

Besuche eine Zusammenkunft von Basisgruppen. Bin geplättet über den Mangel an Konzeption. Wenn ich meine erkläre, hört mir deutlich keiner zu. Drücke ich mich denn derart undeutlich aus: Marktwirtschaftlich orientierte Betriebe/gesellschaftliches Eigentum. Wählbarkeit der jeweiligen Chefs durch die Betriebsuntertanen. Zusätzlicher Motor des Ganzen: Gewinnbeteiligung aller.
Bin ich Lenin?

Nachts Nachhauseweg zu Fuß. Der Ahorn in der Autokurve, wenige Blätter aus geknautschtem, nassen Gold, gnadenlos angestrahlt von der Peitschenlampe des ausgehenden Jahrhunderts.

6. 11.

Die Zahl der Übersiedler wird nun schon pro Stunde angegeben und geht allmählich auf die dreihundert zu.
In der Kaufhalle gibt es für Hierbleiber Radeberger Bier. Ich angle mir, betont lässig, zwanzig Flaschen aus dem Kasten und mache auf mich den Eindruck, es im Leben zu etwas gebracht zu haben.
Um die Gaslaternen in Kleinzschachwitz, die auch in den Westen verscheuert werden sollen, sind Zettelchen gebunden: »Ich möchte hier weiterleuchten« – Großer Himmel, ich auch.
Ulrike sitzt in ihrem Zimmer und heult, weil außer ihrem Hagen nun auch Oma rüberwill; sie hat sich schon ihre Rente ausrechnen lassen, vor allem aber wird es für sie ein Neuanfang sein. Gestern aus dem Westen zurückgekehrt, hatte sie gleich etwas Souveräneres, Westomimäßigeres, was wohl nicht bloß an ihrem plötzlich kreisrunden Ohrclip lag.

Mittwoch, den 8. 11.

Gestern Regierungsrücktritt. Die einstmals stillstehende Zeit ist in einen Galopp übergegangen, als wollte sie die verlorenen 40 Jahre wieder einholen. Landesweites Stuhlbeben und reumütiges Haareausraufen.
Wenn wir die plötzlich gewonnene Leichtigkeit nicht doch noch bezahlen müßten: Es wäre wider die Unvernunft der Geschichte.

10. 11.

Die irrsinnigste Meldung wieder früh am Morgen, da ich noch mit ohropaxverpaxten Ohren auf meinem Notbett in der Stube liege: Die Grenzen sind offen! Liebes Tagebuch, mir fehlen die Worte. Mir fehlen wirklich die Worte. Mit tränennassen Augen in der Küche auf und ab gehen und keine Zwiebel zur Hand haben, auf die der plötzliche Tränenfluß zu schieben wäre.

11. 11.

Nachdem Dornröschen wachgeküßt wurde, erwachten die Majestäten und der »... ganze Hofstaat und sahen einander mit großen Augen an. Und die Pferde im Hof standen auf und rüttelten sich; die Jagdhunde sprangen und wedelten; die Tauben auf dem Dache zogen das Köpfchen unterm Flügel hervor, sahen umher und flogen ins Feld...« und selbst die Fliegen an den Wänden wunderten sich, warum sie so lange geschlafen hatten.

Teil III

17. 11. 89 – Im Zug, auf der Fahrt nach Freiburg

Wie gehen die Märchen weiter? Fahre erst einmal in den
Westen: Über Karl-Marx-Stadt, das sie bestimmt bald
wieder Chemnitz nennen werden. Die Grenzöffnung
hat zu Schlangen vor den Polizeiämtern geführt, allein
vergleichbar der Riesenschlange vor dem Mausoleum der
Moskauer Leninwachsfigur. Aber: Ich habe noch nie
eine so fröhlich vor sich hingrinsende, miteinander plau-
dernde Schlange gesehn. Da stellt man sich ja am lieb-
sten, auch ohne was zu wollen, hinten mit an. Und die
Polizisten? Junge Uniformdamen übergeben den Paß
mit Augenaufschlag, sekundiert von weißhäuptigen Alt-
polizisten, die Amtsgesichter tiefgefurcht von jahrzehn-
telangen Erfahrungen in allen Fragen der Volksverbun-
denheit.
Nun, nach erteiltem Visum, darf ich meine 15,– DDR-
Mark 1 : 1 gegen richtiges Geld eintauschen. Allerdings
ist das richtige Geld überall schon alle. Nur in Neustadt
in Sachsen, wo ich eine Lesung habe, gibt es noch welches. Gliedere mich für zwei Stunden in die Rathaus-
schlange ein, gegenüber der von einem Balkon herab-
hängenden Losung: »Korrupte Genossen geht, denn wir
wollen bleiben«. Kurz vor mir das Geld schon wieder
alle. Dann eben Kneipe, aber zwei der Kneipen wegen
Personalmangel geschlossen. Die dritte, die aufhat, also,
da war ich schon. Bleibt die Bahnhofskneipe, kalt, kahl
und schlimm verraucht; recht heimisch also, und die
Bierhuckerin ausnehmend freundlich. Rings an den mit

Biergläsern vollgestellten Tischen lauter Schwarze, die hiesigen Knochenarbeiter, die zu mir herüberstarren, als hätten sie noch nie einen Weißen gesehn.

Um so näher der Grenze, um so mehr Autos fahren neben dem Zug her auf die Grenze zu. Und jedes der Autos auf der Landstraße verkündet mit eiernder Radkappe: Ich fahre nach Westen. Ich heiße Trabant!
In Plauen – Sturm auf den ohnehin schon vollen Zug. Ich bekomme noch zwei Kinder neben mich, die, offenbar schwer kindergartengeschädigt, fortwährend aufeinander einschlagen, wenn sie nicht gerade den strubbligen Onkel neben sich, also mich, mit Vehemenz am Bart zerren.
Daß die Leute unbedingt ihre Winzlinge mitnehmen müssen.
Ein im Abteil anwesender Vogtländer belehrt mich: »Für die Würmer gibt's doch auch Begrüßungsgeld!«

Noch in der Nacht nach der Maueröffnung habe ich immer wieder den Fernseher eingeschaltet und mit meinen Blicken versucht, die auf der Mauer herumtanzenden Gestalten zu beschwören: »Macht keinen Mist Jungs, fallt nicht herunter und laßt mir unsere Grenzpolizisten ganz. – Bestimmt machen sie die Mauer gleich wieder zu, wenn ihr euch nicht ordentlich benehmt.« Keinesfalls durfte ich einschlafen, denn wenn ich einschlief, ging mir in Berlin die Weltgeschichte schief. Schließlich aber ergraute selbst der Fernsehapparat und für den Rest der Nacht fiel Schnee in mein Hirn.

Hinter Hof die ersten Sauberkeitsdörfer. Selbst die Wiesen scheinen plötzlich von viel tieferem Grün. Aber die Kinder quengeln: »Wann sind wir endlich im Westen?« Feierlich erkläre ich, daß dies der Westen sei. Eine Weile schauen die Kinder hinaus. Dann aber – »Das soll der Westen sein?« – wenden sie sich lieber wieder dem hervorragend am Bart zupfbaren Verfasser dieser Zeilen zu.

Traumgrundmotiv: Säle, Gänge, Eisenbetten, überall Schlafende. Offenbar eine Kaserne, man hat mich zur Armee eingezogen, der Krieg ist doch noch ausgebrochen, aber wo ist mein Bett? Auch in den Gängen wird geschlafen, Treppen, schließlich ein langer, verwinkelter Gang. Ich gelange auf eine Bühne, Hamlet. Ich breite die Arme aus und beginne zu sprechen, ohne meine Rolle jemals gelernt zu haben.

> Was ist dein Leben, Freund? Mir scheint ein fernes
> leuchtendes Fädchen…

Das geht unerwartet leicht, und ich nehme mir vor, diese hervorragenden Verse gleich morgen früh aufzuschreiben, aber da bleibe ich stecken. Unter mir die Versammlung vieler tausend dunkler Köpfe. Ich schaue mich um, aber auf der weiten Bühne bin nur ich, naturgemäß im Schlafanzug. Der endlose Augenblick der Scham, aus dem nur sofortiges Erwachen hilft.

Erich Mielke vor der Volkskammer. Der Geheimnisträger vor den Augen der Öffentlichkeit. Der Sicherheits-

minister im Zustand der Unsicherheit. Ein schäbiger
alter Mann mit eigentümlich kahlem Gesicht. Sein nach
Worten schnappender Mund. Das Gelächter, als er behauptet, doch immer alles gemeldet zu haben. Von ihm
wären ja erst die Hinweise für die Wende gekommen.
Nicht umsonst hätte man zu allen werktätigen Menschen
hervorragenden Kontakt gehabt! Erneutes Gelächter:
»Sie lachen über mich.« Völlige Verwirrung. Vielleicht
hilft das sonst doch immer alle in eines fassende Stroh-
halmwort »Genossen«. Aber »Genossen« wollen die
Volkskämmerer nun wirklich nicht mehr heißen. Unruhe
und Protest: »Sie schimpfen mit mir.« Jetzt weiß er endgültig nicht mehr weiter. Was nun aus seiner Seele her-
vorbricht, ist die reine Wahrheit: »Ich liebe, ich liebe
doch alle.« Gerade im dümmlichen erscheint das
Menschliche besonders rein. Er liebt uns, er liebt uns
alle. Daher mußte er uns vor uns selber schützen. Insofern gibt es das Böse gar nicht. Selbst Judas wollte seinen
Herren nur vor sich selbst bewahren. Und mit dem Kuß,
mit dem er ihn verriet, suchte er ihm besonders nah zu
sein. So heißt das: »Ich liebe, ich liebe doch alle« ebenso:
»Liebt mich, liebt mich doch alle.« Und während dieser
Mielke-Fisch nach Worten schnappt, schauen ihm Mil-
lionen zu. Auch ich betrachte den kahlen Krempling mit
unverhohlener Genugtuung: Der Täter wird zum Opfer
und der Zuschauer zum Täter. Als wohnte ich einer Hin-
richtung bei. So tut er mir am Ende nur noch leid.

Die Kinder im Abteil haben Westautos entdeckt. Nun
sind sie für eine Weile zufrieden.
In Stuttgart steige ich um. Endlich sind die anderen weg.

Daß wir aber auch derart heuschreckenartig über dieses wohlgeordnete Land herfallen müssen! Ob man mir den Ostler immer noch ansieht? Etwas elastischer federnd könnte ich auf dem Bahnsteig aber einhergehn!

Im Nebenabteil zwei Mädchen, auf schwäbisch die Arbeitsweise des Herzens repetierend. Bald aber horche ich auf, ertappt. Man spricht über mich:
»Die Zonis kommen jetzt alle«, sagt die eine, ziemlich Häßliche.
»Laß sie doch«, entgegnet die andere, die wirklich hübsch ist.
»Aber besser, sie fahren wieder«, beharrt die Häßliche.
»Wir hatten einen, der war ganz gut«, widerspricht die Hübsche.
»Geh«, sagt die Häßliche und erklärt der Hübschen, daß es sich in mir um einen Asozialen handelt. Selbst während der Arbeitszeit ging ich einkaufen. Umgucken würde ich mich hier.
Unter der Last der Argumente schweigt selbst das Mädchen, das ich liebe.

Auf dem Tisch meines Hotelzimmerchens ein handschriftliches Begrüßungsschreiben vom Kulturamtmann Krapf. Dazu je eine Flasche roten und weißen badischen Wein.

22. II.

Die Lesungen im Freiburger Rathaus, recht viel Publikum, alle können mitreden. Der wohl übliche, hier allerdings gemäßigte Kampf zwischen Avantgardisten und Traditionalisten. Die einen erneuern die Literatur und die anderen schreiben trotzdem etwas. Die Avantgardisten erneuern die Kunst, indem sie derart eindrucksvoll auf sie verzichten, daß es auch schon wieder eine Kunst ist. Manche von ihnen stellen das Elend in der Welt gleich an sich selber dar. Ärgerlicherweise nehmen sie von mir kaum Notiz. Vergeblich versuche ich beim Mittagessen, zu ihnen hinüberzunicken, aber wie immer hat es mich hoffnungslos an den Tisch der Traditionsverfasser verschlagen.

Frühmorgendliches und abendliches Gehen durch die innere Stadt. In den Schnittgerinnen der Straßen allenthalben glasklare Wasser, ein allgegenwärtiges Rinnsteinglucksen, die sogenannten Bächle, die straßauf-straßab, mal schmaler, mal breiter, dir bald entgegenkommen, bald dich eifrig überholen, und dich, wenn du nachts nach Hause gehst, von allen Seiten umrauschen und selbst oben in deinem Zimmer nach dir rufen, so daß du noch eine Weile am Fenster sitzt und hinunterstarrst in die enge, tönende Gasse. Wozu diese Romantisierungen? Etwa, um an Deutschland zu denken?

Stehle mich unter dem Filigran des Münsterturms hinweg ins Kircheninnere und versuche, einen frommen Eindruck auf mich zu machen. Die Lautsprecherstimme des irgendwo vorn im Kerzenlicht angesiedelten Geistlichen, die unversehens für »Unsere Landsleute in der DDR« bittet. Murmle, zu meiner eigenen Überraschung, das »Herr erbarme dich« mit. Wirbelsäulenfrost bis hinab zum Gürtel.

Draußen unterm Portal streckt mir eine Zigeunerin (»Jääsus Chriiistus«) die Hand entgegen. Da ich weiterwill, ist mein Gehn durch ein Kind erschwert, das an meinem Mantel hängt und bittend schaut. Rasch schüttle ich das Bettelwuschel ab und gehe über den Platz davon. Dann aber tue ich, als ob ich etwas vergessen hätte und kehre noch einmal um. Die Zigeunerin, weit drüben, auf der anderen Seite des Platzes, durchschaut mein Manöver sofort. Ein Ruf und das Bettelwuschel kommt erneut herangefegt. Ich gebe ihm eine vollständige Westmark, aber was ist der Dank? Es schlägt mich und will noch mehr. So ertappt bei meiner, mütterlicherseits ererbten Methode, im Großzügigen geizig zu sein, biege ich rasch in die nächste Gasse ab. Das Bettelwuschel aber hat sich an den nächsten Passanten gehängt.

In den Kaufhäusern regelmäßig eine leichte Übelkeit. Ununterscheidbar im Glanz, die Ketten und die Uhren, die Lampen und Pullover. Du aber fährst über dem glitzernd schäumenden Unrat hinweg die Rolltreppe empor, um erneut in demselben Lampen- und Pulloverchaos anzukommen, aus dem du eben aufgestiegen bist.

Schwer, hier etwas zu kaufen, denn jedes will alles sein und alles ein anderes. Entweder du weißt nicht, was du wolltest oder du weißt nicht, wo es das Gewollte gibt. Findest du aber das Gewollte, hast du vergessen, ob es das Gewollte war. Schließlich kaufst du einen Kugelschreiber. Kugelschreiber sind immer richtig.

Von deinem Kaufhausekel erzählst du überall und alle bestätigen, daß es ihnen genauso ergeht.
Wieso aber betrittst du dann diese Konsumverliese wieder und wieder? Auch du badest dich gern in Schick und Glanz. Und wenn die Kaufhausstimme plötzlich verkündete: »Kling klong. Heute ist alles kostenlos. Nehmen Sie sich, was Ihr Herz begehrt« – würdest du dann auch nur einen Kugelschreiber hinaustragen? Das Hochgefühl, das Westgeld verleiht, übersteigt noch die Anziehungskraft der Dinge. Darum vorerst nur einen Kugelschreiber.

Meine Landsleute, lese ich, treten in Berlin in solchen Massen auf, daß sie zeitweise sogar die Westregale leerfegen. Allenthalben bildeten sie Schlangen, Vater, Mutter, Kind: Selbst vor den Geschlechtsläden der Beate Uhse. So zäh sind die Verhältnisse, denen wir zu entkommen suchen, daß sie sich uns sofort an die Füße heften. 1000 Tonnen Müll haben wir zusätzlich in Berlin zurückgelassen. Und Fettflecke an den Scheiben der Autosalons: Die Spuren unserer plattgedrückten Nasen.

Mehrere Zeitungen zugleich beschreiben unsereinen als einen hungrig dreinblickenden Menschen im Einheitsanorak. Als würden wir den anderen Deutschen nicht oft auch gleich erkennen: Allein schon an der Sattheit, die ihm auf die Stirn geschrieben steht. Nicht umsonst ist sein Hauptgesichtsrepräsentant der derzeitige Bundeskanzler.

Gleich hinterm Schwarzwälder Hof schimmert ein wenig Berghang durch, Buchenwald, der mich von fern an meine engere Heimat erinnert. Steige hinauf, ohne einen Überblick zu bekommen und versuche vor mir geheimzuhalten, daß ich mich langweile. Im Wald, nicht wahr, kann ich auch zu Hause herumtappen. Dann aber, dunkel überwachsen, ein ganz schöner Brummer von Berg. Allmählich komme ich ins Wandern. Nun aber allenthalben an der Strecke Schilder, die mich zu sofortigen Liegestützen, mehrfachem Rumpfbeugen und gestreckten Seitsprüngen auffordern. Mit kühner Stirn gehe ich vorüber. Ein hölzernes Gestell am Wegesrand deutet auf noch Schlimmeres hin. Allenthalben schimmern die schockfarbenen Anzüge rasch Dahineilender durchs Gesträuch. Noch die steilsten Wege kurbeln sich Fahrradfahrer empor. Wieder und wieder beeile ich mich, den Weg freizumachen für diese vom Ernst des Lebens so tiefgeprägten Gestalten. Noch auf der Aussichtsturmtreppe bespritzt mich ein treppauf Rasender mit seinem Schweiß. Oben die Aussicht aber ist eine wirkliche Aussicht. Unter mir eine, in Sachsen unbekannte, dunklere Baumart, womöglich Tannen. Wie selbstverständlich fahren die Waldungen auf und nieder und Kuppe an Kuppe betupfelt den Horizont: »Grüß Dich Deutschland, aus Herzensgrund.«

Deutschland? Nun ja, vielleicht ein ohnehin immer wieder Abwesendes. Eine vor allem in der Sprache aufgehobene Geborgenheit; in Mutterwörtern wie Anmut und Trauer, Fröhlichkeit und wegen mir auch Fleiß.
Aber was wird das die Zukunft kümmern? Schwebt über meinem Haupt nicht schon der Bundesadler?

Abends erklärt mir Dr. Krapf mit Nachsicht, daß jene sich mühelos Richtung Horizont ausdehnenden Wälder der SCHWARZWALD gewesen wären. Durch Hauffs »Kaltes Herz« ist mir dieser Schwarzwald so märchenfern, daß ich gar nicht erst angenommen hätte, daß es ihn wirklich gäbe. Und der Zeigestock des Lehrers in der Schule nutzte die ohnehin unerreichbaren Landschaften des anderen Deutschlands gar nicht erst ab, so daß allein schon ihre Namen ein fernes unerhörtes Leben zu meinen schienen. Doch während wir nun hier in FREIBURG beim Wein sitzen, erscheint im Fernsehn DRESDEN: In einem einzigen Schwenk eine grinsende Barockfigur, ein Raster aus 100000 demonstrierenden Köpfen, Fahnen und Plakaten sowie Herr Schönemann vom Staatstheater.

Vor dem Schlafengehen setze ich mich noch einmal in einen Gasthof. Über eine Zeitung gebeugt, beuge ich mich von fern über die arme DDR und nähre meinen Landeskummer Wort für Wort mit badischem Wein. Es steht schlecht während meiner Abwesenheit. Die DDR-Mark wird angeblich schon 1:20 getauscht, und zwischen den Zeilen erscheinen die ironisch gekräuselten Stirnen der Kommentatoren. Die einzige Chance der DDR: Sich von diesem Land schlucken zu lassen.

Das Schlimme ist, daß sie womöglich recht haben.

Die Männer am Tresen schauen zu mir herüber: Nun habe ich es schon auf ihre Steuergelder abgesehen.

Gewiß ist der Westspießer gegenüber dem Ostspießer noch viel fürchterlicher. Es schadet dem Charakter, einer der reichsten Männer der Welt zu sein. Reichtum bringt auf die Idee, ihn sich verdient zu haben.

Andererseits glaube ich gerade hier fortwährend richtige Menschen zu treffen. Nicht einmal die Lehrerinnen und Lehrer unterliegen der bei uns doch gerade für diesen Berufszweig üblichen Gesichtsverhärtung. – Während meiner Lesung in einer Freiburger Schulklasse entstand peinlicherweise plötzlich ein Tumult, so daß auch mir nichts anderes einfiel, als immer lauter zu lesen und schließlich sogar den Text zu brüllen, aber was tat der Lehrer? Er stellte sich vor die Kinder hin und war traurig; und die Kinder waren still. Überhaupt treffe ich andauernd Leute, denen ihre Arbeit offenbar Spaß macht. Dergleichen scheint sich schon im Straßenbild auszudrücken: Ein allgemein freimütigeres Dreinschaun und lässigeres Gehn. Vielleicht spielt da auch Kosmetik und Gutangezogensein eine Rolle, ja überhaupt ein gewisser, systembedingter Zug zu positiver Selbstdarstellung. Andererseits aber zwingt die hier viel stärkere Fixierung auf den rasch verbrauchten und immer wieder neu angelieferten Augenblick, wenigstens diesen Augenblick einigermaßen zu leben.

Freilich geht damit der hiesige Augenblicksmensch ziemlich nahtlos in sein System ein, das er schon von daher das freiheitliche zu nennen pflegt.

Und sein Kollege im Osten?

Zwangsweise fixiert auf eine gar nicht erst existierende Gegenwart der falschen Zukunftsversprechungen, nimmt er selbst den Augenblick nicht wahr. Und kommt schon einmal ein ordentlicher Augenblick vorüber, so darf er ihn nicht anerkennen, um sich weiterhin selbst beweisen zu dürfen, wie sehr er betrogen worden ist. Dafür hat dieser Bürger den Vorteil einer, wenn auch geduckten, Renitenz. Fortwährend murrend bewahrt er sich Abstand zum System. Schon sein verkniffenes Gesicht deutet auf ein realistisches Weltbild hin. Die Frage »Hast Du Lust?« gehört, mit entsprechender wegwerfender Gebärde, zum Morgenritual eines jeden volkseigenen Werktätigen. Die Geschichte der DDR als Geschichte eines vierzigjährigen Bummelstreiks.

25. 11. 89

Im Abteilfenster des Zuges erscheinen mir noch einmal die Schwarzwaldberge. Sie sind wirklich ziemlich schwarz. Noch immer halte ich es für unglaublich, einmal hierhergefahren, ohne weiteres wieder hierherfahren zu dürfen.

Insofern ist, wenn auch nicht vor allem, das Wort Deutschland eben doch nicht nur Utopie. Auch das Land selbst, eine gewisse Weite in der vielgestaltigen, traulichen Enge. Die Erfahrung, daß hinter Sachsen-Preußen dir Leute auf etwas andere Weise nah sein können als Leute anderer Länder. Eine Liebe, die anderweitige Liebe nicht ausschließt.

Neben mir im sonst fast leeren Zug weint eine junge Frau. Schon über eine halbe Stunde weint sie. Mit allmählich steif werdendem Hals schaue ich hinaus. Noch nie hat ein Mädchen neben mir so fürchterlich geweint. Da aber öffnet der Schaffner leise die Tür. Leise tritt er an sie heran. Leise fragt er: »Kann ich Ihnen helfen?« Das Mädchen schüttelt den Kopf, während sich der Schaffner mit dem Ausdruck tiefsten Bedauerns entfernt. Was für ein Mensch! Was für Knipsfleze da doch die Schaffner bei uns zu Hause sind! Niemals wäre einer von ihnen auf die Idee gekommen, ein weinendes Mädchen zu fragen, ob er ihr helfen könne. Und ich? Hartnäckig schaue ich zum Fenster hinaus, während sie noch viel fürchterlicher zu weinen beginnt.

Unterbrechung in Stuttgart: Den Klang dieses Namens (Hölderlin, Mörike) vermag freilich weder ein Gang um den Bahnhof noch ein Blick vom Fernsehturm einzulösen. Ähnlich wie Dresden scheint die Stadt zerdrieselt zwischen Bergen zu liegen.
Reisen, sagt mein Freund Hegewald, bedeutet auch, Stück um Stück Utopie zu vernichten. Vielleicht gut, daß ich den Schwarzwald nur mehr von oben gesehen habe.

In Hof erfahre ich, was der Satz heißt: »Der Bahnsteig war schwarz von Menschen.« Da ich einen Sitzplatz besitze, fühle ich mich den Leuten draußen insgeheim überlegen, aber bald verfalle auch ich in eine sanfte, das Blut zu Kopf treibende Sitzplatzpanik: Immer näher kommendes tumultuarisches Füßegetrappel. Stampfen und Waggonbeben, kontrapunktiert von markerschütternden Karl-Heinz-Rufen.

Die Abteiltür wird aufgerissen. Ein Mann mit Jägerhut erklärt, daß hier noch Platz sei und stellt seinen Koffer auf mich ab. Eine dicke Frau bricht in Weinen aus, da ihre Ausmaße kein Niedersitzen zulassen, aber dann preßt mich die Kraft der Umstände doch erbarmungslos gegen die Abteilwand. Der Zug fährt an. Offenbar sind alle mitgekommen. Nur ein Kinderschuh liegt noch auf dem Bahnsteig. »Wie fünfundvierzig« murmelt, den Kopf in die Hände gestützt, der Mann mit dem Jägerhut.

Teil IV

2. 12. 89

Wie gehen die Märchen weiter? Trotz aller Umwälzungen
liegt noch dasselbe Weißkraut im Gemüseladen. Dafür
bringt das Fernsehen Abend für Abend neue Enthüllun-
gen, die zwar so enthüllend nicht sind, aber das Volk
braucht seinen Zorn und nimmt der Funktionäre Klein-
häuslein in Wandlitz und Honeckers Jagdgewehre als
Metapher für den eigentlichen, aber eben unfaßbaren Be-
trug: Den Diebstahl der Jahre im Namen einer sich
verflüchtigenden Zukunft. »Wie hat man uns betrogen«,
rufen die Genossen und nutzen die Gelegenheit, im
letzten Moment noch ihre Parteibücher hinzuwerfen.
Allgemeine moralische Empörung, um von sich selber
abzulenken: Der jahrelangen Duldung trotz jahrelangen
Andersdenkens. Jedenfalls bleiben die Zeiten auf Trab.
Selbst Egon Krenz, das Unschuldshuhn, wird bald den
Rückzug antreten müssen.

3. 12.

Sagte ich es nicht? Als Parteichef mußte er schon gehn.

Der Kreis schließt sich: Ebenso saß ich vorgestern noch
nach Mitternacht am Fernsehapparat, wie vor 13 Jahren
vor dem Radio, und lauschte, damals freilich mit noch
glühenderen Ohren, Biermanns pathetisch-schnoddri-
gem Geheul: Sang dieser Mensch wirklich wieder hier, in

Leipzig? Noch immer hinkt der Kopf den Tatsachen hinterher. 13 Jahre: Wenigstens mit lebenslänglich hatte ich gerechnet. Daher die ohnmächtige Verzweiflung bei gleichzeitiger Bereitschaft, mich einzurichten im Verfall.

Heute, am ersten Advent, besteht unsere Aufgabe darin, eine Menschenkette quer durch die ganze DDR zu bilden. Vorerst gibt es freilich nur eine Autokette, aber schließlich gelangen auch wir aus dem Elbtal hinaus in Richtung der Schneefelder. Überall am Straßenrand Leute mit Kerzen, Fahnen und Transparenten. Großes Einander-Zuwinken unter der Überschrift: »Wir sind das Volk«. Endlich findet sich eine einigermaßen annehmbare Lücke. Unser familiärer Menschenkettenbeitrag, einschließlich Mäusel-Oma und Rudi Opa, beträgt immerhin seine 9½ Meter. Meine rechte Hand hält die mir vertraute Hand meiner Tochter, meine linke Hand ruht in der Hand eines fremden Mannes, so daß sie, seiner Hand sonderbar ausgeliefert, sich kaum zu rühren wagt, geschweige denn, loszulassen, zumal jedes Loslassen die Kette der Menschen von hier bis Rostock unterbrechen würde.

Der Autoverkehr ruht. Von oben, von der schneeblitzenden Höhe, schaut minutenlang die reglose, schwarze Gestalt eines Mannes, auf die ihrerseits zu ihm heraufschauende Menschenschlange herab.

Einmal will noch ein Auto vorbei, aber die Menschenschlange versperrt ihm die Straße, je nachdem, auf welcher Seite er vorbeizufahren sucht. Das Spielchen macht auch mir Spaß. Gerade Autofahrer müssen hin und wieder ordentlich durchgequält werden. Da aber kommt eine dieser neueren, emanzipierten und doch engelshaften Frauen: »Sind wir nicht auf die Straße gegangen, daß keinem mehr vorgeschrieben wird, was er zu tun und zu lassen hat?« Vor sich selbst erschrocken macht die Schlange Platz. Das Auto sieht, daß es fortkommt. Drin sitzt ein Jüngling mit ausgesprochenem o.k.-Gesicht: Der künftige Sieger der Geschichte.

Noch immer ruht meine linke Hand in der Fremdpranke des Mannes links von mir. Jemand singt »Das Wandern ist des Müllers Lust«, aber das hilft mir auch nicht recht weiter. Endlich aber, zum Glück sind Kirchenleute in der Nähe, stimmen sie das DONA NOBIS PACEM an, so daß sich unsere Menschenkette bis hinauf nach Rostock doch noch mit Sinn erfüllt.

Für nachmittags zu einer Adventfeier eingeladen, aber statt Advent das Gewirr unserer politisierenden Stimmen, das nun schon seit fast zwei Monaten anhält und wieder angefacht worden ist durch Waffenhandel, Funktionärswälder und Devisenschiebereien. Die Anhänger einer hiesigen Selbständigkeit haben einen schweren Stand an den Tischen. Ich soll etwas vorlesen, aber da schlurren die ersten schon wieder mit den Füßen, weil im Fernsehn gleich die Nachrichten kommen.

Biermann: »Die Franzosen sind ärmer als die Westdeutschen, leben aber besser.«

Solche Worte in Volkes Ohren.

4. 12.

Der Umfang der Funktionärswälder überrascht auch
mich. Seltsam, daß ausgerechnet das Politbüro so gewal-
tige Jäger hatte.
Auch Göring soll ein großer Jäger gewesen sein.
Als kleiner Junge habe ich einmal mit dem Luftgewehr
einen Spatzen aus der Dachrinne geschossen. Das glück-
hafte Erschrecken, als er wirklich herabfiel. Aber dann
mußte ich den Vogel begraben. Der Jäger hingegen setzt
seinen Triumph fort durch Zählung, Trophäe und Ver-
zehr.
Die Tattergreise mit der Flinte. Staatsjägerei als Transfor-
mierung der Macht ins Sinnliche. Gerade im Töten vollzieht sich der eigentliche Zweck der Macht: Sich anderes
Leben anzueignen, um sich somit die eigene Potenz und
Auserwähltheit selbst zu bestätigen und dem ohnehin in
jedem Menschen vorhandenen Gefühl letztendlicher
Unsterblichkeit immer neue Nahrung zu geben. Das Politbüro auf der Pirsch: Eine sublimierte Form von Funk-
tionärskannibalismus. Was für ein Anlick für einen
Hirsch, wenn ausgerechnet im Moment seines Todes das
bleiche und starrbebrillte Antlitz unseres Staatsratsvor-
sitzenden hinter den Büschen auftauchte.

5. 12.

Als ich Birgit von meinem Verhalten nach der Ausweisung Biermanns erzähle, will sie nichts davon hören. Es verträgt sich nicht mit der Vorstellung, die sie von mir hat.

Mit meiner Vorstellung von mir verträgt es sich auch nicht. Zwar machte ich erst einmal ein paar Wochen krank, doch als ich ans Literaturinstitut zurückkam, war die Aktion »Böser Biermann« erst recht in vollem Gang. So versuchte ich es mit einer eigenen Erklärung, die, freilich schon sprachlich ein Akt der Unterwerfung, zaghaft von zu diskutierenden Problemen sprach.

Nun bestellte man mich eine Treppe höher: Wieso ich dem Professor Max Walther derart in den Rücken fiele?

Es geht um den Sozialismus, sagte ich bescheiden.

Darum geht es uns auch, war die Antwort: »Gerade wer Veränderungen will, muß unterschreiben.«

So viel Dialektik war zuviel für mich. Ich unterschrieb.

Leider kann ich nicht einmal in Anspruch nehmen, den Spruch von den Veränderungen nicht durchschaut zu haben. Was ich glaubte war, daß es jetzt noch nicht so darauf ankäme. Daß ich noch jung wäre und folglich noch Zeit hätte. Infantilität als Maske: Sich vor der Macht zu schützen und vor ihr zu verbergen. Auf diese Weise hatte unsereins nie groß was zu melden. Noch jetzt, mit immerhin vierzig Jahren, gelte ich als junger Autor. Bin es auch ein wenig, denn Machtlosigkeit hält jung, nicht wahr?

Infantilität als Machtkalkül der machthabenden Greise.

6. 12.

Vorgestern abend. Der Theaterplatz füllte sich noch, als drüben auf der anderen Brücke im Gegenzug längst schon wieder Lichter herüberschimmerten und gewiß die ersten Demonstranten vor den Mikrofonen ankamen. Über uns das Donnern der Hofkirchenglocken. Nicht allzu viele Deutschlandfahnen, denke ich, aber dann sehe ich immer mehr, und Plakate über Plakate, noch nie hat es so viele Plakate gegeben. Die täglichen Unglücksbotschaften haben sich verdichtet zu einem grenzenlos jubelnden Haß. Der wird für die nächsten Wochen reichen. Auch mich läßt nun der Zeitgeist spüren, daß dieses Land längst ist, was ich mit jedem Jahr deutlicher kommen sah und zuletzt doch noch für verhinderbar hielt: Konkursmasse. Das doch friedlich gemeinte Hofkirchenglockengedröhn ist zum Sturmläuten geworden. »Nun stinkts zum Himmel!« steht auf dem Plakat eines Bekannten, der grinsend an mir vorübertreibt. Allenthalben Honeckerbilder: Honecker, hinter Gitter. Honecker im Sträflingsanzug. Honecker mit säuberlich aufgemalter Gefängnismütze: Aber so richtig lachen kann ich nicht, denn schließlich war er schon im Gefängnis gewesen, als unsere Eltern noch den Hitlergruß übten. Am Straßenrand steht ein Mann mit Stock und dunkler Brille und hält der Menge ein winziges Plakat mit der Aufschrift »SED« entgegen: Der Blinde mit dem Krückstock. An den Lichtmasten Steckbriefe: »Gesucht Egon Krenz – Genannt Don Promillo. We-

gen Widerstands gegen die Volksgewalt. Belohnung: $0,0000.«
Hartnäckig hält sich oben am Portal der Hofkirche das Häuflein der Vereinigungsgegner, ehe es in den Fahnenzug einschwenkt und stumm hinter den »Deutschland-einig-Vaterland-Rufen« hertrottet.
Auf dem Platz schärfste Reden. Christa Wolf und Stefan Heym, jahrelang hochgeachtet, werden nun, als Urheber eines Vereinnahmungswarnrufs, mit deutlichem Haß genannt. Ein Soldat hat kurzerhand seinen Dienst im Wachregiment aufgekündigt und fordert einen »Nürnberger Prozeß in Leipzig« samt Wiedereinführung der Todesstrafe. Das gibt den größten Beifall des ganzen Abends. Sobald von Deutschland die Rede, gehen die Fahnen hoch. Weniger das, sondern wie sie Deutschland rufen.
Deutschland als Knüppelwort.
Mir ist kalt. Ich gehe.

Schreibe, noch in der Nacht für das hiesige Forumblättchen einen kleinen Artikel:

Die verkauften Pflastersteine

Dieses Jahr ist am Rande von Dresden die Pirnaer Landstraße verkauft worden. Ein Straßenarbeiter, der einzige, den ich kenne und gewiß so ziemlich der letzte Erdarbeiter, der hier noch vorrätig ist, versicherte mir, daß die von drüben die Pflastersteine mit ihrer Technik ohne weiteres abtransportiert hätten. Obwohl die Pirnaer Landstraße zu Teilen nun im Hunsrück oder im Taunus, in Freiburg oder in Bremen liegt, heißt sie hier, Asphalt drüber und damit fertig, noch immer Pirnaer Landstraße.

> Ach wäre ich ein Pflasterstein,
> Ich könnte längst im Westen sein.

Dichtete Volksmund hierzu. So eine Anziehungskraft hat der Westen. Selbst die Pflastersteine sehen, daß sie fortkommen. Und den Pflastersteinen folgen die vielen Füße. Von den vielen aber, die vor kurzem noch »Wir bleiben hier!« riefen, wollen unterdessen etliche auch nach drüben, nun aber möglichst gleich mitsamt dem gesamten Land. Natürlich, sie sind das Volk, und es wird wohl abgestimmt werden müssen, und falls sie, wie unterdessen schon zu vermuten, eine Mehrheit hätten, wäre diese Mehrheit nicht nur zu akzeptieren, sondern Gesetz.

Doch wenn schon ein einziges Deutschland, dann bitte doch ein solches, das auch anderen Nationen nützt, etwa ein neutrales, eines, das keine Kriege mehr zu führen vermag und höchstens noch seine Aufsichtsräte das Fürchten lehrt.

Vielleicht sogar eines, das anderswo ein paar Leute weniger verhungern ließe.

Derzeit aber hieße Vereinigung neue Fremdbestimmung, erneuten Ausverkauf.

Nach Hammer und Sichel im Nacken möchte ich nicht unbedingt einen Mercedes-Stern auf der Stirn tragen. Noch träume ich davon, daß die Pflastersteine eines Tages wieder fast von selbst auf die Pirnaer Landstraße zurückkehren könnten: Von Deutschland nach Deutschland.

6. 12.

Das Pamphlet ist mißlungen. Es verlangt zuviel von der gegenwärtigen Landes- und Weltgeschichte. Zwecklos, den Fremdbestimmten mit Fremdbestimmung, den Ausverkauften mit Ausverkauf zu drohen. Keine Experimente, stand auf den Plakaten.
Daß das Volk aber auch andauernd »Wir sind das Volk« rufen mußte. Ich dachte schon, sie meinten, daß sie nun auch etwas zu sagen haben wollten: Die Revolution als Einlösung der Utopie zerstört die Utopie gleich mit. »Die Erde aufgeteilt gerecht – Wir hätten's gern gesehn«, sagen die Hirten im Gedicht.
Nun ja, dann eben marktgerecht.

7. 12.

Das weiße Haus der Staatssicherheit ist gestürmt worden. Ziemlich rasch soll sich das Eisentor der aufgebrachten Menge geöffnet haben. Unten im Keller Bündel mit vorgedruckten Formularen samt Banderole: »5000,– M für Hinweise zur Aufdeckung staatsfeindlicher Aktivitäten.« Nur noch die Unterschrift hätte gefehlt. Gemeinsam mit der Polizei kontrollierte man nun das Gelände und jede diensthabende Aktentasche: Die Bewachten bewachen die Bewacher. Trotzdem kann ich mich nicht recht freuen. Diese neuere Methode, auf die alte Art Deutschland zu rufen, steckt mir noch immer in den Knochen. Außerdem muß ich an meiner Endlosgeschichte »Vom Mann, der immer einsam ist« weiterarbeiten. Freilich hätte es auch mir gutgetan, mit dem Ruf »Ich will meine Akte sehn«, durch die Korridore der Macht zu hüpfen. Allerdings sollen die Panzerschränke meist schon leer gewesen sein. Der Sicherheitsdienst wäre nicht der Sicherheitsdienst, wenn er sich nicht rechtzeitig in Sicherheit gebracht hätte.

8. 12.

Houfek ist natürlich dabeigewesen. Bei ihm in der Neustadt war es gleich herum, daß oben auf der Bautzener Straße etwas losginge. Ob es für ihn befreiend gewesen wäre? Eigentlich nicht. Die Weitläufigkeit des Geländes, die Dunkelheit, die Vielzahl der Gebäude über den Hang hinunter bis zur Elbe. Houfek, über fünf Stunden umherirrend zwischen anderen Umherirrenden. – Nicht befreiend, eher unwirklich: wie der Staatssicherheitchef Böhm, fortwährend stolpernd über vorgestreckte Füße, herausgeführt wurde durch das Spalier der fluchenden Menge. Wie andere heraustraten mit eckigen Aktenkoffern und gemeinen Gesichtern. Wie einige nur ihre normalen Gesichter hatten. Wie mancher einen Jüngling in Turnschuhen darstellte. Wie etliche dabeiwaren, von denen man schon immer wußte, daß sie dabeigewesen sind, diese riesigen Kerle mit dem hoffnungslos einverstandenen Gesicht. Eigentümlich schlaff standen sie nun da, die

Augen unstet und die Bäuche wie ausgeklinkt. Wie einer
von den Turnschuhtypen loslief und in einem Bau ver-
schwand, der als Archiv galt. Wie die vergitterte Tür
zuging, und auch Houfek draußen tobte. Wie aus einer
anderen Tür wieder jemand herausgeschossen kam,
schräg in die Menge hinein. Und Houfek? Houfek hinterher und andere mit ihm mit, bis der Verfolgerschwarm
den Flüchtenden griff, aber dieser plötzlich durch eine
versiegelte Tür entkam. Wie die Tür nur ein lächerliches
Kronenkorkensiegel hatte und alles nach dem Staatsanwalt rief, aber der Staatsanwalt wieder nicht greifbar war.
Wie plötzlich eine Frau verkündete, daß unten auf der
Elbe ein Schiff liege, um alle Akten abzuholen, und viele
den Elbhang hinunterliefen, aber Houfek nicht, da es
dann doch hieß, die Sache sei geklärt und die Strompoli-
zei schon unterwegs. Wie Houfek, aber eben nicht nur
Houfek, vor einem Gründerzeithaus stand, in dem man
den Hauptcomputer vermutete, obwohl das Haus völlig
unbeleuchtet war. Wie Staatsanwalt und Superintendent
dann hineingingen, und da drin im Finstern wirklich
Leute saßen und sicher bis zuletzt alles gelöscht und ver-
nichtet hatten. Wie Houfek durchs Hauptgebäude ging
und gelegentlich in ein Büro sah, und Männer darin saßen und sich nach ihm umwandten und womöglich, so
wie Houfek nicht wußte, ob sie bei der Staatssicherheit
waren, ihrerseits nicht wußten, ob der hereinschauende
Houfek oder wer hier überhaupt bei der Staatssicherheit
war. Wie ein Häftling im Keller vor der offenen Zelle
stand und Houfek als dem Fünfhundertsten geduldig
erklärte, daß er Autos zusammengeflickt und schwarz-
verkauft habe und hier nun den Klempner machen müs-

se. – Befreiend keinesfalls. Ein ungreifbarer, noch im Gedächtnis fortwachsender Mythos, ein unterirdisch verkabeltes, minoisches Labyrinth, in dem weit nach Mitternacht noch immer die Menge kreiste, als sich Houfek endlich davonstahl. Zur Erinnerung nahm er sich aus einem der verwüsteten Büros den Lohnstreifen eines Oberleutnants mit: Bruttolohn 1780, Nettolohn 1850 Mark.

9. 12.

Jetzt steht das Gerüst fast schon ein Jahr vor unserem Fenster. Ob der Dachdecker auch schon im Westen ist? Vielleicht werden Gerüst und Haus sich noch ein wenig gegenseitig halten, ehe sie endgültig zusammenfallen.

10. 12.

In der Sauna kocht es. Trotz des mahnenden Schildes: »Schwitze und schweige« erhebt sich, als wäre der Geist in die Männer gefahren, über ihren Köpfen eine Wolke aus Drohungen und Flüchen. »Denkste die gehn? Die sehn einfach nich ein, daß se uns viertzsch Jahr zur Sau gemacht ham.« Ich, nackt, zwischen den nackten Sachsenwerkern bin der einzige, der wirklich schweigend schwitzt. Anstatt mich den Fragen der Menschheit zuzuwenden und den Männern ihre Interessen jenseits von Neckermann zu erklären, beeile ich mich, zu nicken, damit sie mich nicht etwa für einen von denen halten, die sie vierzig Jahre lang zur Sau gemacht haben.

»Bis nach Barcelona für 185 Westmark!«
»Was soll denn der Vauuweh dann hier bei uns kosten?«
»Bei uns? Junge! *Bei uns* gibt's dann doch nicht
mehr.«

In Berlin, erzählt Patricia, hat es am Übergang Invali-
denstraße Verpflegungsbeutel mit Bananen gegeben. Als
die Bananen alle waren, stellten sich meine Landsleute
nach den leeren Plastbeuteln an. Aber in Lübeck, so höre
ich, sollen sie, als man ihnen Bananen zuwarf, gerufen
haben: »Wir sind doch keine Affen.«

Das bißchen DDR-Selbstwertgefühl: Bankrott gegangen
mit den Bankrotteuren und aufgesogen vom Glanz der
Kaufhäuser.

Der schrille Ton der Zeitungen. Auch oft nur der Ver-
such, von eigener Mitschuld abzulenken.

Jemanden habe ich sagen hören: »Ich darf jetzt nur so
laut sein, wie ich vorher versucht habe, laut zu werden.«
Dieser Satz ist so leise gesagt worden, daß ich vergessen
habe, wer ihn gesagt hat.

11. 12.

Friedemann meint, die neugewonnene Freiheit wiege in
keiner Weise die tägliche Katastrophenerfahrung auf. Je

größer die Katastrophe, desto größer sei schließlich das eigene Versagen gewesen.

Jetzt bewege ich mich nur noch an den Rändern der Montagsdemonstrationen entlang. Trete immerhin auf einen jungen Mann zu, der ein paar Demonstranten besonders laut »Rote Schweine« schimpft. »Das sind doch keine Schweine«, sage ich und rechne fest damit, eins auf die Nase zu bekommen. Aber sofort tritt unter der Maske des Bösen der gute Junge hervor: Ach, er sage doch nur seine Meinung.

11. 12.

Den Hauptschock mag es für unsere Leute gegeben haben, als sie mit ihrem Trabant über die Grenze fuhren. Ausgerechnet über ihr Auto, ihr sonntags doch auch geputztes Auto, auf das sie jahrelang gespart und oft noch länger gewartet hatten, lachte ganz Europa.

12. 12.

Besuchen Schwiegermutti in Westberlin. Die meisten ihrer Arbeitskolleginnen sind schon vor ihr hierhergezogen, selbst die Rote Lotte, aber mit der Roten Lotte will keiner was zu tun haben. Alle haben sie im VEB Cautasit gearbeitet, ausgerechnet in diesem Niedersedlitzer Asbestbetrieb, an dem Onkel Reinhart schon vor 25 Jahren zugrunde gegangen ist, aber die Frauen haben überlebt.

Nun sitzen sie im Westen und machen jedes Jahr ein, zwei Reisen und das Restgeld bekommen die Enkel im Osten, und ich sitze zwischen ihnen und habe auch überlebt und versinke so lange in den umliegenden Schultheißbieren, bis sich der Wellensittich selbst mir gegenüber positiv zu äußern beginnt.

Obwohl die Umwälzungen noch im Gang, sind am Ostberliner Fernsehturm schon ihre Sprüche und Fahnen zu betrachten. Geschichte, um zu sagen, daß man dabeigewesen ist. Bereits Goethe hielt bei der Kanonade von Valmy Anwesenheit für das Allerwichtigste.

18. 12.

Die Montagsdemonstration, am Kohlvorabend. Erneutes Einherschleichen unter den nun noch viel größeren, von den Stürmen der Begeisterung und des Zorns hin und her bewegten Deutschlandfahnenwäldern. Manche Fahnen an sehr langen Stangen, so daß sie besonders hoch hinausgereckt werden können. »Heute soll überlegt werden, was wir erreicht haben«, sagt der Redner, »und, was wir noch wollen«. – »Deutschland, Deutschland.« Das Wort läßt sich erstaunlich rasch hintereinanderweg rufen, so daß eine Art Deutschland-Gehechel entsteht.
Da ich über ein Eisengitter gelehnt, zu dem Sprecher hinüberschaue, tippt mich jemand hinterrücks sacht an, und zwei Burschen mit kahlgeschorenen Schädeln überreichen mir stumm eine Papierrolle, ehe sie in der Menge verschwinden. Ganz allein ich, nur ich, war ob meines

verwirrten Gesichtsausdrucks unter Hunderten für würdig befunden worden, den zur Hälfte in russisch verfaßten und noch immer von revolutionärem Elan geprägten, arbeiterfaustverzierten »Spartacisten« überreicht zu bekommen. »Was haben wir bisher gehabt«, ruft der Redner, und ein Mann neben mir murmelt: »Den Schaden.« Allmählich versuche auch ich mir beizubrigen, daß diese Art Deutschland zu rufen, nicht nur ein nationaler, sondern schon ein Schrei aus der Tiefe ist. Jetzt aber wartet der Volkslümmel schon eine ganze Weile vergeblich auf einen Anlaß für erneutes, platzweites Deutschland-Gehechel, denn Professor Schiller liest ihm die Leviten: »Die Wirtschaft sieht katastrophal aus. Katastrophaler als Sie denken.« – »Sie werden arbeiten müssen«, ruft der Professor Schiller, und die rings ins Dunkel verteilten Lautsprecher wiederholen scheppernd seine Worte und schlagen mir das »Arbeiten müssen« noch um die Ohren, da ich schon die Flucht ergriffen habe.

19. 12.

Allmählich bin ich es endgültig satt, zu diesen Demonstrationen zu gehen, aber was soll man machen, wenn heute der Bundeskanzler zu Besuch kommt? Vor dem Kulturpalast allenthalben Diskutanten bei vorherrschenden Frauenschimpfstimmen. Ein junger Mann wird gezwungen, sein Plakat, auf dem die Bundesrepublik als eine Art geographisches Monster die DDR fressen will, herunterzunehmen. »Was heißt offressen, wir könn froh sein, wenn die unseren Laden übernähm.« Einzugreifen und um Toleranz zu bitten, wage ich hier nicht mehr, zu fürchterlich hacken die Nasen aufeinander ein; und auf jeden »Rote raus«-Sprechchor antwortet ein nicht weniger zorniger, siehe Verslehre, zweihebiger Trochäus: »Nazis raus.« Eine Tonart, die zum Töten bereit ist. Und oben von der Kulturpalastbalustrade hängen sie ihre besenartigen Mikrofone hinunter in den brodelnden Haß. Ich gehe. Schließlich bin ich hier nicht der Berichterstatter. Kaufe mir im Kunstsalon endlich das Kersting-Buch, darin eine Zeichnung von Kersting das Leben zeigt, wie ich es meine, und zwar in Form des von hinten gesehenen Caspar-David-Friedrich, da er, mit äußerst bescheidener, weit emporgezogener Hosenträgerhose und demütig fragendem Hosenboden soeben auf das Riesengebirge zuschreitet.

Doch wieder zurück in die Menge. Unter allgemeinem Beifall – gerade wird ein Hammer-und-Sichel-Fahnenwäldchen in Richtung des zu erwartenden Bundeskanzlers durch ein zehn Meter langes schwarzweißrotes Stoffband erfolgreich verdeckt –, treffe ich auf den Dichter Czechowski und den Maler Mattheuer, die, extra aus Leipzig hierhergeeilt, sich soeben auch getroffen haben, so daß wir nun alle drei nicht mehr völlig unbeobachtet sind. Da aber vernehmen wir eine Stimme, die uns gleich bekannt vorkommt und doch überrascht durch ihre tatsächliche Anwesenheit ausgerechnet in dieser Stadt. So stehen wir einen Moment reglos: Drei Männer in Betrachtung des Bundeskanzlers. Freilich ist der Bundeskanzler als solcher vor lauter Menschen gar nicht zu sehen, aber seine Stimme direkt über uns: »Ich werde euch nicht im Stich lassen.« Von weit da vorn kommt sie, wo das Scheinwerferlicht die Frauenkirchenruine mit ihren beiden Stümpfen und dem Geröllberg in ein fernes Mysterium aus weißflüssigem Silber verwandelt hat. Soeben klettert über die leuchtenden Trümmer auf allen vieren ein winziges Menschlein herab, um seinem Bundeskanzler noch näher zu sein.

Beifall, und auch der Bundeskanzler verspricht, diesen Tag nicht zu vergessen. Czecho klatscht mehrmals, ich einmal, und zwar versehentlich – Mattheuer klatscht immer. Der Bundeskanzler hat geendet und uns am Schluß noch gesagt, daß bald Weihnachten wäre. Nun wird einer von hier noch was sagen, entweder der regierende Modrow oder wenigstens der Bürgermeister Berghofer, und gründlich ausgepfiffen werden. Eine Weile warten wir, aber dann ist klar: Sie haben dem Bundeskanzler die Stadt überlassen. Von diesem Tag an hört die DDR auf zu existieren. Von Mattheuer zu schweigen, scheint es Czecho ganz recht zu sein und auch mir tut es nur noch zur Hälfte weh. Schon spüre ich einen leichten Wohlstandsglanz im hinteren Zipfel meiner Seele.

20. 12.

Abends im Fernsehn sah ich dann den Bundeskanzler noch einmal wirklich.

Er beugte sich vor, legte einen Kranz für die Toten des 13. Februar auf die Trümmer und ringsum sangen sie: »So ein Tag, so wunderschön wie heute.«

21. 12.

Stehe nackt vor dem Spiegel. Weiteres gibt es nicht zu berichten. Um Weiteres zu berichten, bedürfte es einer anderen Prosa.

22. 12.

Im Fernsehen schon wieder der Bundeskanzler. Mitten im Menschengestöber, bei der Öffnung des Brandenburger Tors. Modrow ist auch dabei, aber er sieht aus wie Kohls Aktentaschenträger. Allerdings scheint der Bundeskanzler schlimm erkältet und hantiert mit seinem Taschentuch. Doch siehe, das Taschentuch ist eine Taube und löst sich aus seinen Händen und flattert gen Osten.

Noch nachts, beim Hinunterschaffen des Aschekastens, höre ich von der anderen Elbseite her einen vereinzelten Deutschland-Brüllschrei.

23. 12.

Schorlemmer: Noch nie war mir Weihnachten so fern, noch nie habe ich es so gebraucht, wie dieses Jahr.
Ja, liebes Tagebuch. Ich bin ein wenig aufzeichnungsmüde.

26. 12.

Mieter K. hämmert selbst am Weihnachtsfeiertag.
Ich hörte, er will unser Haus vom Staat abkaufen; das
wird ihm viel Geld bringen, wenn der Westen kommt. So
wird das Haus gewiß gar in Ordnung gebracht werden,
aber wer weiß, für wen, und gewiß nur so, wie es diese
Leute verstehn. Habe nun doch das Stipendium in
Worpswede beantragt. Wozu sich weiter gegen ein Weg-
gehn in den Westen wehren, wenn nun der Westen gleich
persönlich hierherkommt? Kurzum, mein Sendungsbe-
wußtsein hat gelitten. Dabei ist es kaum zweieinhalb
Monate her, da ich meinte, nun sei mir der Westen völlig
fern.

28. 12.

Verbringen noch ein paar Tage in Bremen. Gestern abend
Gang über den Marktplatz. Gesenkten Kopfes vorüber
am Rathaus und dem Roland, vorbei an der Ecke mit der
Aufschrift: Gedenke der Brüder, die das Schicksal unserer Trennung tragen. Hinüber zu den Kaufhauslichtgir-
landen, hängenden Kopfs wie gesagt, und das erste Mal
im Westen ohne zu merken, daß ich im Westen bin.

30. 12.

Rückfahrt nach Dresden. Welchen Trost weiß ich? Vorhin, beim Umsteigen lag auf dem Trittbrett des Eisenbahnwagens eine Handvoll Schnee.

Teil V

21. 2. 1990

Was heißt hier Trost? Was heißt hier Schnee? Der Winter ist fast schneelos geblieben.

22. 2. 90

Tatsächlich kann unsereins wochenlang leben, ohne zu merken, daß er lebt. Insofern sind die leeren Seiten der letzten Wochen noch eine verhältnismäßig ehrliche Tagebucheintragung. »Wohin mit mir in dieser besenartigen Zeit?« mag ich gemurmelt haben, und das wird schon alles gewesen sein an dichterischen Bemerkungen. War ohnehin wieder im Westen. Die Marktwirtschaft auswendig lernen und möglichst viel Geld verdienen. Habe mich in Zügen hin und her katapultieren lassen und bin fast jeden Morgen in einem anderen Bett aufgewacht... Einmal aber sah ich vom Bett aus, gleich vor mir im Terrassenfenster, die mit jeder einzelnen Fältelung greifbar nah in eisige Ferne gerückte Riesenkette der Alpen, so daß meine schnupfenverstopfte Nase schlagartig Klarheit gewann und plötzlich Gottes Sonntag war, indem ich, kerzengerade im Bett, diese mir nun zum erstenmal erschienenen und in ihrer Gezacktheit einander grotesk übergipfelnden Berge anzubeten begann. Soviel zur Schweiz. Einen Tag später in Wien, ein ziemlich schmutziger Treppenaufgang, die üblichen Essengerüche. Oben eine fast leere Wohnung, in der Wolfgang Amadeus Mozart gewohnt haben soll, und tatsächlich einige Noten und die bekannten Bilder und Scherenschnitte an den Wänden. Hinter mir her durch die kahlen Räume fortwährend eine junge, böse Frau mit bösem Blick. Wir schließen in fünf, in zwei Minuten. Ja doch, Constanze, ich geh'.

23. 2.

Trotz hartnäckigen Ausbleibens längst versprochener Millionenhilfe sieht es in der Kaufhalle aus wie immer: Drei, vier Sorten Fleisch, auch Rind, bitteschön. Und die systemerhaltende Schnapsflasche Marke »Alter Sachse«, reihenweise, Gewehr bei Fuß. Aber was ist das? In der Ecke Bahlsen-Keks. Und da. Eine Palette Bierbüchsen, jede Büchse handlich wie der Westen überhaupt. Ein vielleicht sechzigjähriger Mann, dem der vollständige DDR-Alltag ins Gesicht geschrieben steht, nimmt eine der 3,50-M-Büchsen zur Hand und betrachtet sie lange. Dann stellt er sich drei Büchsen in den Einkaufswagen. Dann legt er zwei wieder zurück auf die Palette. Dann fährt er mit der einen Büchse zu den Flaschenkästen hinüber und stellt sich seine 20 Flaschen Coschützer Urinbrühe hinzu. Auch ich begnüge mich mit Coschützer Urinbrühe. Wer weiß, was noch kommt.

Im Zigarrenladen Westzeitungen für DM.
Ein Schlosser soll laut Annonce nicht mehr nur Schlosser, sondern außerdem »arbeitsam und höflich« sein.

Statt »Suchen Heizer« heißt es plötzlich: »Bieten Heizer.«

24. 2.

Längst rufen die Forsythien gelb über den Zaun, aber das ist ein schwaches Frühjahrsgeschrei, denn ihrem Gelb fehlt jede Erinnerung an ein ordentliches winterliches Weiß. Und dennoch mag ihr frühzeitiges Dasein viel mehr die eigentliche Weltgeschichte bedeuten als das bißchen Deutsch-Deutsch, insofern sie in aller Unschuld die fern in den Medien grummelnde Klimakatastrophe über den Zaun signalisieren.

Erst jetzt, nach stundenlangem Sitzen in meiner Zerknirschungskammer, fällt mir eine eigentliche Veränderung ein: Die meisten meiner Nachbarn und Bekannten habe ich seit Monaten, ja eigentlich seit dem November nicht mehr gesehn. Das hat es noch nie gegeben: Keiner hat wen gebraucht. Das ist nun wohl wirklich der Westen. Nur die Telefone fehlen uns noch. Als richtige Westmenschen hätten wir uns gelegentlich gegenseitig angerufen.

25. 2.

Höre, daß Erwin nebenan ein Ingenieurbüro aufmachen will. Sigrid soll für eine Kunstzeitschrift im Westen schreiben. Verdacht, daß sie überhaupt nach drüben

geht. Bruder Volkmar eröffnet einen Taxibetrieb. Manto
zieht sein Glasgeschäft ganz groß auf. Günther kann nur
noch mit dem Kopf schütteln. »Heute«, sagt er, »hatte
ich wieder meine Direktorensprechstunde. Sonst kamen
sie jeden Dienstag, mit Oma, Kind und Hund: *Helfen
Sie uns, Herr Claus. Sehen Sie denn nicht, daß wir ein
Auto brauchen?* Aber heute? Kein einziger ist gekommen. 15 Jahre lang haben sie auf so eine Kiste gewartet,
und nun wollen sie nicht mehr, worauf sie 15 Jahre gewartet haben. Nur Vauweh zählt noch. Wenn das unser
Erich wüßte. Ich kann nur noch mit dem Kopf schütteln.«

26. 2.

Sankt Ernst, der Woche für Woche getreulich seine Wut
auf »diese Verbrecher« brieflich aus dem Vogtland herab-
schmetterte, schrieb vor einigen Wochen plötzlich: Pes-
simistisch habe man nun nicht mehr zu sein, es sei denn
aus Gewohnheit, was etwas wirklich Tragisches hätte...
Das waren seither seine letzten Worte.

27. 2.

Heute morgen zum Bäcker. Die Bäckerei voller Glanz-
plakate der sogenannten Allianz: »Freiheit statt Sozialismus« und »Wohlstand für alle«, also auch für mich. Im
Regal hier noch nie gesehene Käsebrötchen. Blumen auf
der Ladentafel. Die beiden Verkäuferinnen faschingsbe-

mützt, die Brötchen mit unbekanntem Schwung in den Beutel zählend. Großes Blasmusikgerumms: »Ham-se-nich-ne-Frau-für-mich«. Auftritt der Meisterin. Sie trägt einen riesigen Westhundertmarkschein am Hut und kredenzt der freundlich verwunderten Schlange Schnaps aus winzigen Henkeltöpfchen.
Eine neue Zeit beginnt und unsereins tritt von einem Bein auf das andere. »Keinen Schnaps, junger Mann?« »Nö. – Oder doch.«

28. 2.

Meinen großen Sohn Johannes haben sie aus der Schiffswerft hinausgeworfen. Wegen ungenügender Arbeitsleistung. Sozusagen probeweise den Schwächsten erst einmal, und nun sitzt er zu Hause und wirft uns vor, ihn falsch erzogen zu haben. Außerdem will er nach Kanada. Meinem Bruder Siegmund, heißt es, zittern die Hände. Schon vor Wochen, als ich einmal mit ihm reden wollte, hatte er gar nicht erst Zeit, herunter an die Haustür zu kommen, da er oben mit Geschäftspartnern telefonierte. Vermutlich geht es um das Überleben seines – nicht verstaatlichten – Vogelfutterbetriebes, der meinen Bruder z. B. durch das begehrte Vitamin-Gesprächsfutter viel berühmter machte, als ich es in meiner Eigenschaft als Radfahrer und Hilfsgedichtverfasser jemals zu werden vermochte. Nun aber sei mein Bruder, heißt es, während ich noch immer auf ein Honorar von 12,20 M für ein Gedicht in der Zeitung »Freie Erde« warte, schon mit der Weltfirma VOGELVITAL in Kontakt, um ein sächsisches Wellensittichimperium zu errichten.

Wahlkampf im Fernsehen. Zwei Frauen und ein Mann
schauen hinter Geranien hervor und versprechen eine
blühende Zukunft. Auch in Zschachwitz tobt der Wahlkampf. Auf dem Dorfplatz neben der Eisdiele steht ein
Mensch mit Mikrofon und sagt den Kindern: »Kinder,
sagt euren Eltern, wen sie wählen sollen: DSU.« Moritz
berichtet, er habe dem Agitator das Mikrofon wegge-
nommen und hineingerufen: »DSU – großer Schmuh.«
Dafür erhält er von mir am Abendbrottisch ein väter-
liches Lob.

1. 3.

Selbst hier am Rand von Dresden beginnen sich die
Westautos zu vermehren. Ein Mercedes treibt mit der
Stoßstange einen Trabant vor sich her. Ans Haus des Agi-
tators ist mit fetter Rußschrift »Stasi-Schwein« geschrieben.

Heute Nacht von Mexikanern geträumt. Sie standen mit
ihren breiten Hüten dicht an dicht oben auf dem winzigen Holzbalkon von Burichs Schreibwarenhandlung
und schwenkten ihre fremdartigen Rhythmusinstru-
mente, so daß unten die Leute viel rascher als sonst
gingen und ganz Zschachwitz auf den Beinen war. Dennoch taten mir die Kerls mit den Hüten leid, weil sie doch

da oben auf Burichs Holzbalkon gar kein Geld einsammeln konnten. Plötzlich aber ließ einer der Burschen einen Henkelkorb herunter und die Leute taten ihr Geld hinein, aber zu meinem Entsetzen sah ich, daß ich einen ganzen Westhundertmarkschein in den Korb geworfen hatte.

Die Währungsunion soll schon gleich nach den Wahlen kommen. Es heißt, daß sie unser Geld sogar 1 : 1 eintauschen wollen.

Bei Houfeks hat sich nichts geändert. Die Eltern bringen die Kinder ins Bett, und ich als Onkel darf »Auf einem Baum ein Kuckuck« singen, wobei mir ein wenig peinlich ist, daß die beiden Houfekeltern zusehen, wie ich zum »Simsalabimbambasaladusaladim« quer durch das Kinderzimmer hechte. Trotzdem, Malou hört auf zu weinen. Houfek hat für Morgen eine Einladung zu einem Managerlehrgang, geht aber nicht hin, zumal er sich kürzlich die Fingerkuppe abgesägt hat und sich nicht sicher ist, was das für einen Eindruck machte, wenn er, Houfek, mit angesägtem Daumen zum Managerlehrgang käme.

2. 3.

Frühmorgens im Vorgarten eine über den Zaun geschleuderte Colabüchse. Ich lasse sie liegen. Ihr Anblick gibt mir die Möglichkeit, mich beim Gang nach dem Briefkasten an die allmähliche Durchdringung des Ostens durch den Westen zu gewöhnen.

3. 3.

Schon bald werden wir Mühe haben, uns die DDR selber zu erklären. An die neuen Verhältnisse angepaßt, werden wir uns fragen, wieso wir uns damals derart anpassen konnten.

Nach außen hin werden wir tun, als ob wir schon immer Westler gewesen wären und nur ein bißchen mehr als nötig zusammenfahren, wenn ein Uniformierter kommt, um unsere Fahrkarten zu kontrollieren. Insgeheim aber werden wir beginnen, das Unerklärliche zu verklären und jede Gelegenheit nutzen, im Kreise der Dabeigewesenen die fachmännischsten Gesichter zu schneiden: »Weißt Du noch, wie wir beim Bäcker anstehn mußten? Fünf Pfennig das Brötchen! Hahahahaha.« Schon jetzt beginnt die Erinnerung an einen verregneten Sonntag samt Dorfkonsum und immerwährender Losung: »ARBEITE MIT, PLANE MIT, REGIERE MIT«, bei mir ein Gefühl von verlorener Heimat zu erzeugen. Wohl in diesem Sinne saß ich vor drei Wochen noch eine Weile am Grenzübertritt Bahnhof Friedrichstraße im Café und wollte nicht hinüber und schlurfte den vertrauten, unnachahmlich nach Ostblock schmeckenden Kaffee.

4. 3.

Gerade Mangelerfahrung kann Identität stiften. So könnten wir, ob vielleicht doch gelegentlich wieder her-

vorbrechender Renitenz, plötzlich gefragt werden, was
uns denn nun eigentlich noch fehle? Die Antwort wäre:
Zuwenig.

5. 3.

Möchte zur SPD-Kundgebung. Hatte gelesen, daß Willy
Brandt heute käme, aber vergessen wann, und die SPD-
Plakate sind zugunsten der Buchstabenkombinationen
CDU, DSU und DA überall schon wieder abgefetzt, so
daß ich auf Verdacht in die Stadt fahren muß, aber was
soll das da sein, etwa eine Kundgebung? Nicht einmal
der halbe Altmarkt ist voller Leute und seitwärts noch so
viel Platz, daß ich ohne weiteres bis dicht an die Tribüne
gehen kann, um von unten herauf direkt in das politikge-
gerbte Charaktergesicht Willy Brandts zu sehen. Noch
redet Brandt nicht, sondern beschäftigt sich, auch er ist
ein Mensch, kurz mit seiner Nase, ehe sich sein Blick
weit hinter dem Altmarkt am Horizont festzusaugen
scheint, als wäre die ganze Stadt voller Menschen und
Hunderttausende brodelten vor dieser nach so vielen
Unterdrückungsjahren endgültig wiederauferstandenen
Tribüne der Sozialdemokratie. Unterdessen beklagt
Ibrahim Böhme, der kleine SPD-Chef von hier, mit
empfindsamer Stimme, daß die Allianz Bananen ans
Wahlvolk verteile, als wüßte er nicht, daß gegen Bananen
nur noch mehr Bananen helfen. Endlich aber die, mir
noch aus der Zeit der ersten politischen Denkversuche
vertraute, Raucherstimme Willy Brandts. Er sei mehr
zum Zuhören hier, sagt er, sozusagen zu Besuch, aber

die Leute stehen auf dem Platz, als seien sie es, die hier zu Besuch wären. Nur ganz vereinzelte Deutschlandfahnen, schütterer Beifall, der schütter in den Lautsprechern wiederkehrt. Undenkbar, daß, ähnlich wie im November, irgendeiner ans Mikrofon ging und sagte: »Bass ma off. Mir sehn das so.« Erneut sind wir Sachsen in unseren Urzustand zurückgekehrt: Den der Stummheit. Von oben herab, von der Kreuzkirche, rieseln Allianz-Flugblätter und treiben über den Platz durch unsere Beine hindurch. Längst habe ich es aufgegeben, mich, unter so viel Nichtklatschern, als Einzelklatscher zu betätigen. Auch der Chef von Daimler Benz sei Sozialdemokrat, sagte Willy Brandt zu unserer Beruhigung, und schon läuten die Glocken. Zum Schluß stelle ich mich an und bekomme einen rot-grünen Aufkleber überreicht.

6. 3.

Kaufhalle: Die Westbierbüchsen verschwunden.
Bahlsen-Keks hält sich noch.
Am Obststand eiförmige Früchte, sogenannte Kiwis, 1,80 M das Stück. Die Kiwi-Kiste steht unten auf dem Fußboden, so daß sich Mütterchen sehr weit hinunterbücken muß. Aus dem Lautsprecher Huppi-Huppi-Musik.

Der Wahlkampf äußert sich im fortwährenden Ankleben, Überkleben und wieder Abreißen von Plakaten. Plakatsieger bleibt die Allianz. Wer sie wählt, glaubt mit den Roten am ehesten nie etwas zu tun gehabt zu haben.

Selbst die umliegenden Ehemalsgenossen lassen sich Allianz-versichern. Die Wahl als Akt kollektiver Selbstreinigung. Das Glanzpapier auf den grauen, bröckelnden Häuserwänden erscheint als vorweggenommene Einlösung aller Versprechen. Allein die Plakate der noch nicht fremdbestimmten Gruppierungen sind einfallsreich genug, um völlig wirkungslos zu sein. Die ehemalige SED versteckt ihre Ankleber wie Ostereier: Machtlosigkeit macht witzig. Als Bankrotteur warnt sie vor dem Bankrott, und ist für viele schon wieder ein Halt. Immer höher steigen die Losungen an den Lichtmasten, um trotzdem wieder heruntergeholt zu werden. Vor dem Schloß an einer langen Stange, hoch über mir, der Spruch: »Wer bei der PDS vom Stuhle fällt – wird bei der SPD eingestellt.« Auch die Reimkunst im Niedergang. Mit meinem irgendwo aufgeschnappten Spruch: »CDU schon immer Dirne – erst von Honi, jetzt von Birne« habe ich freilich auch nicht den rechten Erfolg.
»Birne wird's schon machen«, sagt Sigrid.

7. 3.

Uwe ist längst aus Amerika zurück. In einem Aufsatz hat er geschrieben, daß er um das Fest seines Lebens betrogen worden sei, aber am Ende stellt sich heraus, daß er von Amerika aus alles am besten beurteilen konnte. Und er hat recht: Dabeigewesensein macht dumm. Den riesenhaften Kerl, der im Oktober, wohl leicht angetrunken, hinter den Demonstranten herrief, habe ich zwar gesehen, ja ich wußte sogar, daß er bald massenhaft auftreten würde – und doch wollte ich mich durch ihn nicht in meiner Begeisterung stören lassen. »Seid ihr denn keine Deutschen«, rief er, fast weinend vor Wut, indes die Menge mit hunderttausend Kerzen an ihm vorüberzog.

Und die kerzentragende Menge? Offenbar kann sich auch eine Masse taktisch verhalten. Angetrieben durch die Ereignisse, waltete in ihr noch einmal die alte Mischung aus Opportunismus und Schläue, indem der Zeitgeist Woche für Woche mehr und doch nur immer gerade das Nächstliegende verlangte. Für die meisten ist diese Revolution ohne Revolutionäre damit gar nicht gescheitert. Sie kommen bei sich selbst an, wenn sie nun wählen werden, was sie eigentlich schon immer wollten, den Westen im Osten, oder, wie ich vor Karlis Bierbude sagen hörte: »Ni mehr minderwertsch sein.«

Nur unsereins als bescheidener Mitarbeiter in der Abteilung Menschheitsemanzipation reibt sich noch immer die Augen und fragt: War das alles?

8. 3.

Bin auch zu dem deutsch-deutschen Schriftstellertreffen in Berlin gewesen. Die vierzigfache Selbstgerechtigkeit an den Tischen. Wer im Wohlstand ist, hat immer recht. Wort für Wort für die umsitzende Presse, die erst recht schon immer recht gehabt hat. Unweit von mir dirigiert ein Sitzriese seinen Anhang mit ironischer Braue. Nie hätte ich gedacht, daß unter den westlichen Kopfmenschen die Ja-Sager derart gehäuft auftreten könnten. Drei bis vier Restlinke, vergeblich gegen das große Einverständnis anstotternd. Und ich? Mir geht es, wie es mir schon immer ging. Als wäre ich in eine Versammlung der Einheitspartei geraten: Unfähig zum geringsten Widerspruch. Schwitzend vor Feigheit unter dem herrschenden Zwang zum Einheitsgedanken.

9. 3.

Am Bahnhof nun die FAZ für einheimisches Geld. Kaum durchquere ich die Menge mit diesem Bündel Selbstgefälligkeitsprosa unter dem Arm, habe ich wieder dieses Gefühl überlegenen Informiertseins, so daß sich meine Mengendurchquerung gleichsam unter dem Vorzeichen der Stromlinienförmigkeit vollzieht.

10. 3.

Die Kinder alarmieren mich: Fremder Mann im Garten. Tatsächlich geht hinten wer an der Unkrauthalde entlang. Gelegentlich etwas Holz einsammelnd, bewege ich mich auf ihn zu. Er trägt einen grauen Bart, und obwohl auch ich über einen Bart verfüge, fühle ich mich ihm sofort unterlegen.
»Guten Tag«, sagt er. »Guten Tag«, sage ich. Dann geht er weiter. An der Hausecke dreht er sich um und fotografiert. Der künftige Eigentümer? Oder gar der frühere? Schon hat er den Garten samt meiner Person und der des Apfelbaums bildlich davongetragen.

Ist der Baum erst abgehaun,
lach ich anderwärts.

Oder sollte ich mir lieber ein Luftgewehr anschaffen?

11. 3.

Auch bei den Freien Demokraten gewesen. Frage mich
erst wozu, aber dann erklärt es mir eine junge Frau, indem sie es ihrem Kind erklärt: »Wir müssen fein zuhören, damit wir wissen, wen wir wählen sollen.« »Laßt
euch die die nie wieder zeigen«, sagt Herr Mischnick mit
Volksbeschwörungsstimme und zieht eine Rote Karte
hervor. Hinter ihm der Himmel reicht an manchen
Stellen beängstigend in die Tiefe. Von rechts, vom Polizeipräsidium her, zieht unablässig eine Kette ziemlich
großer, dohlenartiger Vögel hinüber zur Kuppel der
Kunstakademie. Dort schlägt sie einen Bogen rings um
den oben auf einem Bein balancierenden Engel, um hinter der Kuppel zu verschwinden, ohne jemals wieder
zum Polizeipräsidium zurückzufliegen oder die Kette
der Vögel zu erneuern, die gleichwohl unaufhörlich zu
jenem großgeflügelten Engel hinübermäandert, ein flat-
terndes Kontinuum: Es gibt einen dritten Weg.
Diesmal verzichte ich darauf, mich nach Freiheitsmate-
rialien anzustellen.

12. 3.

Wolfgang Schnur vom Demokratischen Aufbruch, der mich mit seinen weitgeöffneten Augen immer ein wenig an Konstantin den Großen erinnerte, soll auch bei der Staatssicherheit gewesen sein.

BLOSS GUT, ICH NICHT.

Eigentlich ist es Judas, der die Schuld der anderen auf sich nimmt.

Einmal schaute die Staatssicherheit auch bei mir vorbei. In Form eines Mannes, der einen Hawaiischlips umhatte.

Die ahnungslose Nachbarin führte den Mann gleich bis ins Schlafzimmer: »Besuch Thomas«, rief sie. Der Besuch zeigte mir seinen Ausweis. Vor Entsetzen habe ich ihm sogar Tee angeboten. Wenn ich außerdem noch an mein obligatorisches Höflichkeitsgrinsen denke, so ist er gewiß selten so freundlich empfangen worden. Ob ich eigentlich einen eigenen Stil habe? Die Grafiker und Lyriker seien ja besonders aktiv. Der Schriftsteller S. womöglich ein Brausekopf... Ja, der Ruf seines Ministeriums nicht der beste. Dabei hätten wir alle ein Ziel: Es solle besser gehn mit unserem Land. Ob ich eigentlich einen Illustrator hätte? Aber wahrscheinlich würde mein Gedichtband gar nicht erst gedruckt. Einen gewissen Einfluß hätte man freilich. Was man suche, wäre ein Fachmann. Nur hin und wieder eine Lesung besuchen, rein künstlerisch.

Als der Mann gegangen war, suchte ich die Wohnung

nach Horchgeräten ab. Wieder war es Birgit, die mir half: »Wenn der noch einmal kommt und Du ihn hereinläßt, lasse ich mich scheiden.« Von da an ließen wir die Tür möglichst abgeschlossen. Tatsächlich war es nicht schwer, ihn draußen abzufertigen. Diesmal trug er einen schmalen Schlips aus Leder.

Er könne mich ja verhaften, wenn er etwas von mir wolle, behauptete ich kühn. Er wurde sehr verlegen und sagte, daß er enttäuscht von mir wäre. Dann ging er in aller Armseligkeit von dannen, mit der ein Mensch von dannen gehen kann.

Ein paar Wochen später steckte ein rostiges Stück Schlüssel im Schloß unserer Wohnungstür. Da die Tür aber ohne weiteres mit einem gewöhnlichen Dietrich zu öffnen gewesen wäre, war das rostige Stück Schlüssel wohl eher ein Gruß.

13. 3.

Unten beim Karli wollen sie mich verhauen. Kaum verlange ich ein Bier, meinen die Kerls am Ausschank, daß ich keines bekäme. Ich wäre ein Linker. Hätte studiert und außerdem den Trabant gebaut. – Als ich mein Bier trotzdem bekomme, nennen sie mich »Brille« und, natürgemäß, »Rotes Schwein«. Ich erwäge die Emigration nach Bayern. Gleichwohl ballt sich meine Faust, um zum Abschied wenigstens andeutungsweise vorhanden zu sein. Da aber tritt Birgit dazwischen und lächelt den Kerls mitten ins Gesicht, und unten fließt die Elbe mit ihren Schwermetallen ein paar Meter weiter, und die

Burschen glotzen, ehe sie, tatsächlich »Sieg heil« rufend, über die Wiesen hinaus ins Dunkle tappen.

14. 3.

Messe in Leipzig. In der Innenstadt durchmischen sich Osten und Westen schon völlig. Die langjährige Zufriedenheitsbockwurst für 0,85 M korrespondiert mit der Westpizza für 7,– M, das einheimische Bier mit den 97 Biersorten der Freiheit, eine fröhliche Pluralität, so kann es bleiben, solange uns das Geld nicht ausgeht. Die Stadt scheint zugeklebt mit Plakaten und die Losung des Vortags ist längst schon Palimpsest. Nur das Antlitz des heute erneut zu erwartenden Bundeskanzlers wehrt sich durch sein Dauerlächeln erfolgreich gegen jede Fragmentarisierung. Am ehesten weht mich ein Plakat an, das mir rät, meine Stimme Jesus zu geben, »Ein Mandat für die Ewigkeit«. Bei einem Verlagsbeisammensein vermag ich plötzlich nicht mehr, die anwesenden Gesichter in Ost und West einzuteilen, und das Mädchen links von mir, das mir als Leipzigerin sicher ist, kommt aus der Schweiz. Nichts gilt mehr, und am Literaturinstitut habe ich eine Laudatio zu halten. Hier aber scheint alles beim alten geblieben. Aus der Tiefe der Jahre lächelt mir blaß und verlegen meine Lehrerin für Marxismus-Leninismus entgegen, die sich schon damals für ihren Marxismus-Leninismus immerzu zu entschuldigen schien. Dann aber kommen doch Literaturleute aus dem Westen hinzu, und wie ich als Institutszögling so vor den Institutlern stehe, ertappt von den unerbittlichen Blicken der

Gegenwart in dieser meiner institutlerischen Vergangenheit, merke ich, wie albern meine Rede ist und verhed-
dere mich hoffnungslos in den in ihr vorkommenden
Socken, bis ich schließlich ganz steckenbleibe und an-
fange, meine Füße unter mir zu verwechseln. – Auf dem
Karl-Marx-Platz die größte Menschenmenge, die ich jemals gesehen habe. Wieder ist der Bundeskanzler weit
entfernt im Unsichtbaren, irgendwo da vorn am Opern-
haus, angesiedelt. 320 000 sind wir, heißt es soeben, und
die Masse beantwortet ihr eigenes Vorhandensein mit einem einzigen Jubelschrei. Endlich ist die umliegende,
gigantomanische Architektur, einschließlich des mit sich
selber ringenden Karl-Marx-Reliefs zu sich selber gekommen. Eine Menschenlandschaft aus Fahnen und
Licht und zitternmachenden Schreien von wirklich ent-
setzlicher Schönheit. Ein Kreischbild mit Bundeskanzler. Ein vielgestaltiges Begeisterungspanorama, dessen
innewohnende Aggressivität durch das fortwährende
Pfeifen eines Häufleins ganz drüben am Mendebrunnen
noch gesteigert wird. Hegewald, mit dem ich mich ausgerechnet hier getroffen habe, in diesem Leipzig, aus
dem er vor fünf Jahren besser fortgehen mußte, sagt kein
Wort. Stumm schaut er zu, wie dieses gedemütigte Volk
nicht müde wird, den großen Hauptschrei zu proben.
Nur am brummelnden Grund seines Wesens scheint er
zu mißbilligen. So stehen wir stumm nebeneinander,
ausgerüstet mit nichts weiter, als dem Plakat unsres
nackten Gesichts. »Gehen wir ein Bier trinken«, fragt
Wolfgang, aber da hören wir mehrere Detonationen.
»Haben sie den Bundeskanzler in die Luft gesprengt?«
Auch ich erblasse, denn das wäre nun doch nicht das

Gesündeste. Da aber spricht er unbeschadet weiter, nur die Lautsprecher waren ausgefallen, und das Volk hat seinen Bundeskanzler wieder. Soll es ihn haben, denn wir haben immerhin uns. Lassen wir ihnen ihr Deutschland, denn wir stehn auf dem nämlichen Fleck. Der Abendhimmel über uns macht ohnehin einen eher europäischen Eindruck, da wir endlich unser Bier trinken gehn.

15. 3.

Fahre von Leipzig in übler Stimmung ab. Vom Deutschlandgeschrei blieb nun doch Katastrophengefühl zurück. Abends vor der Mensa ist randaliert worden. Selbst die schweren Betonbehälter lagen in Stücken. Ausländer seien gejagt worden. Einen Jungen hätten sie mit dem Kopf in die Scheiben gestoßen.
Außerdem die Nacht über viel zuviel getrunken. Der Sohn meiner Gastgeber, in letzter Zeit regelrecht abgemagert, nun aber unterwegs, um Plakate zu kleben, war auch nachts um drei nicht zurück. Wenn nur diese Wahl endlich vorbei wäre. Als ob ich danach, als ob ich jemals meine Ruhe hätte. Im Noch-einmal-Umdrehen vor dem Bahnhof ein Strauch, schon unglaublich lange Blätter. Auch diesen Frühling so gut wie verpaßt. Immerhin die Geistesgegenwart, mir den Bahnhofsstrauch mit seinem weit hervorgetriebenem, tütenförmigen Grün als notierenswürdig zu merken. Im Zug kein Platz. Ein junger Mann nimmt nur widerwillig sein Zeug beiseite. Auch er, so scheint mir, hat eines von diesen jetzt grassierenden

Deutschlandgesichtern. Ranze ihn vor allen Leuten an: Er solle sich nur nicht bemühen, unsereins hätte ohnehin immer das Weite zu suchen. Natürlich schaut er nur verblüfft. Finde anderweitig gerade noch Platz zwischen aufgeschlagenen BILDzeitungen. Auf den BILDzeitungsrückseiten jener BILDzeitungsobligatorische, von seiner jeweiligen Besitzerin merkwürdig isolierte, Langbusen. Die Lausitzerin nebenan will mich auch nur ärgern, indem sie immerzu wiederholt, daß sie CDU wählen würde, weil Herr Kohl soviel für uns getan hätte. Der Schaffner kommt. Ich habe vergessen, wegen meiner fehlenden Fahrkarte Bescheid zu sagen. Das kostet mehr als das Doppelte. Die BILDzeitungsleser senken ihre BILDzeitung und betrachten den direkt vor ihnen sitzenden neuerlichen Skandal.

16. 3.

Das Ehepaar Lohse kommt zu Besuch. Bei Nürnberg haben sie einen furchtbaren Autounfall gehabt. Am Sonntag konträr wählend, heben sie ihren jeweiligen Gipsarm beschwörend gegeneinander.

Abends Stadtspaziergang. Die Fernsehstationen haben schon ihre Berichterstattungsschüsseln ins Weltall gerichtet. Nach den herumliegenden Bechern zu urteilen, muß Müllermilchjoghurt gegessen worden sein. Nun nur noch wenige Leute. Vor dem Johanneum hat das bayrische Fernsehn einen kleinen Fernsehapparat aufgestellt, ca. zwanzig Leute schauen hinein. Soeben wird

behauptet, daß in Dresden besonders konservativ gewählt werden würde. Ein Grund sei eine gewisse Zu-
rückgebliebenheit der dortigen Bevölkerung. Die Um-
stehenden schauen andächtig in den Kasten. Keiner
scheint bemerkt zu haben, daß er eben als zurückgeblie-
ben bezeichnet worden ist. – Die Frauenkirche wird jetzt
groß angestrahlt. Die vielgestaltigen Trümmerbrocken
Schwarz in Schwarz vertieft und wuchtiger denn je, aber
die Stümpfe hell in die Nacht hineinragend. Noch immer
ist sie das Denkmal der Bombennacht, aber in ihrer thea-
tralisch ausgeleuchteten Perfektion schon Hybris, erin-
nerungslos. Ein mitnehmbares Erschütterungsbild für
welches nächste Jahrtausend?

17. 3.

Immer noch ein Tag bis zur Wahl. Birgit und ich, wir
haben uns als Wahlhelfer gemeldet, und sie ist sogar die
Wahlleiterin, und so müssen wir das Wahllokal inspizie-
ren und nehmen weiße Tischdecken und Palmen aus
eigenen Beständen mit. Im Umkreis von 100 Metern darf
kein Wahlplakat sein, und gern unterziehe ich mich der
Mühe, mit meinem Daumennagel ein CDU-Restplakat
abzukratzen. Ob die birnenartige Kreidezeichnung an
der Schultür eine politische Persönlichkeit darstelle und
somit als Wahlpropaganda zu werten sei, führt zwischen
mir und der Wahlleiterin zu heftigen Auseinandersetzun-
gen.

Noch immer, und gerade heute, Scheu, mich bei den Nachbarn sehen zu lassen. Alle wählen anders als ich, was mich in meiner Eitelkeit verletzt und auf meinen geringen Einfluß schließen läßt: Jahrelang jedes Gespräch umsonst. Alles Spießer. Den ganzen Nachmittag muß Birgit meine Reden (Jetzt rennen diese Rindviecher auch noch in die Nato, aber das ist denen ja egal, ob weiter gerüstet und weiter gehungert und weiter verreckt wird) aushalten. Dann, gegen Abend, gehe ich los, um in der Nachbarschaft wenigstens noch eine Seele zu retten.

– »Es muß jetzt schnell gehen, Thomas.«
– »Aber bitte. Gerade wer auf den Hund gekommen ist, darf sich nicht ausliefern.«
– »Ja, Thomas. Es muß jetzt schnell gehn.«

Spätabends leicht wankend nach Hause, bei Meyers vorüber. Wie immer, wenn ich denke, »Vorsicht, Meyers Hund«, ist Meyers Hund schon da. Halte mich, einem Herzinfarkt nahe, am gegenüberliegenden Zaun fest.

18. 3.

Früh mit dem Fahrrad hinweg unter blühenden Bäumen und weit auf die Straße hinaus hängenden Sachsenfahnen.
Ein Bild, für das, um es für möglich zu halten, ich mein eigener Großvater sein müßte.
Allerdings darf ich im Wahllokal gar nicht mit dabei sein,

wenn meine Frau die versiegelte Urne öffnen läßt und der erste Wähler hineinblickt, ob sie auch leer sei. Habe Telefondienst unten im Schulkeller, zwischen alten Matratzen und Küchenvitrinen. Bombendrohungen werden für möglich gehalten. Über mir höre ich die ersten Wählerfüße scharren. Wie immer, wenn man extra etwas erleben will, geschieht nichts. Immerhin sollen Stasileute mit gefälschten Ausweisen massenhaft umgehn, um die Roten doch noch an die Macht zu bringen.

Da klingelt das Telefon. Große Adrenalinausschüttung. Leider nur eine Leitungsüberprüfung. Trotzdem bin ich stolz darauf, wie rasch ich abgehoben habe.

Vormittags darf ich doch nach oben und die Namen auf den Personalausweisen mit den Namen in den Wählerlisten vergleichen. Gebe mir große Mühe, vertrauenerweckend am Tisch zu sitzen. Trotzdem sind die meisten Wähler sehr schüchtern und schauen unsicher um sich. Vierzig Jahre wählen gehen, ohne die geringste Auswahl zu haben – wem steckte das nicht noch in den Knochen? Wähler um Wähler verschwindet in den Wahlkabinen. Die Wahlkabinen sind unten offen. So sieht man während des Wahlvorgangs die Wählerbeine. Manche denken lange nach.

Mittags unterwegs mit einem Pappkarton zu einer 91jährigen. Sie sitzt sehr aufrecht und hört und sieht uns nicht mehr. Ihre Nichte, die uns gerufen hat, behauptet, ehe sie für sie ankreuzt, daß ihre Tante ihr vorhin gesagt habe, wem sie ihre Stimme geben wolle. Die Uralte aber sitzt sehr aufrecht und hört längst ganz andere Stimmen.

Nachmittags kaum noch Kundschaft. Auf- und Abgehen möglich. Der Hausmeister erklärt mir, daß er jetzt 70 Jahre alt wäre und dies seine erste wirkliche Wahl. So schaut er noch in einen ganz anderen Geschichtstrichter als ich. Tatsächlich gelingt es mir, mich mit ihm zu freuen. Eine alte Frau kommt und will wählen, obwohl sie schon vormittags gewählt hat. Ein Motorradfahrer erzählt, daß es in der Stadt kostenlos Kartoffelchips gäbe.

18.00 Uhr dürfen die Wahlzettel auf den Tisch geschüttet werden. Viel kontrollierendes Publikum, das ernste Gesichter macht und alles aufschreibt.
Ich bekomme die Aufgabe, die Stimmen für die DSU zu zählen, was ich als besondere Bestrafung empfinde, zumal der DSU-Stapel alle anderen Stapel übersteigt.
19.00 Uhr die erste Hochrechnung. Es ist genauso gekommen, wie ich gedacht habe, und doch bin ich enttäuscht. Als ob Mutter zu Weihnachten gesagt hätte, daß es diesmal zu Weihnachten nichts gäbe und dann gab es tatsächlich nichts. Jemand schlägt mir begeistert auf die Schulter, weil wir nun gewonnen haben.
Im Dunkeln nach Hause unter den weit auf die Straße herausragenden Sachsenfahnen. Drüben aus der Neubauwüste Blitzschläge und Raketen.

19. 3.

Gönne mir einen Wandertag. Vorbei bei Meyers. Meyers Hund zum Glück zurückgenommen. Doch hinter dem

Eisentor, mitten auf dem geharkten Weg, ein extra aufge-
stelltes Großbild des Bundeskanzlers. Von den Krokus-
sen her schaut er herüber und hat alle Sterne Europas
hinter sich. Noch nie habe ich ihm derart dicht gegen-
übergestanden. »Rosenlöcher«, sagt er. »Das sind doch
Träume. Ihre Landsleute haben längst begriffen, worum
es geht. Schauen Sie sich um. Es gibt nichts Besseres, als
das, was ich Ihnen zu bieten habe.«
»Ja, Helmut«, sage ich. Da rauscht es im Gesträuch und
Meyers Hund bricht bellend hinter dem Bundeskanzler
hervor. Vor Schrecken fange ich meinerseits derart an zu
bellen, daß es Meyers Hund die Sprache verschlägt.
Dann mache ich mich auf den Weg und verschwinde in
einem der Gründe elbüber, um, Schritt für Schritt die
Zeit verlangsamend, meine Schritte wiederzugewin-
nen.

Deutschsprachige Literatur
in der edition suhrkamp:
Prosa

300/1/4.89

Deutschsprachige Literatur
in der edition suhrkamp:
Prosa

300/2/4.89

Deutschsprachige Literatur
in der edition suhrkamp:
Prosa

300/3/4.89

edition suhrkamp
Eine Auswahl

edition suhrkamp
Eine Auswahl

edition suhrkamp
Eine Auswahl

edition suhrkamp
Eine Auswahl

edition suhrkamp
Eine Auswahl

318/6/12.88

edition suhrkamp
Eine Auswahl

edition suhrkamp
Eine Auswahl

edition suhrkamp
Eine Auswahl

edition suhrkamp
Eine Auswahl

318/10/12.88